Lettre encyclique

LOUÉ SOIS-TU!

(*LAUDATO SI'*)

du pape François

SUR LA SAUVEGARDE DE LA MAISON COMMUNE

Édition présentée et commentée
sous la direction des jésuites du CERAS

avec un guide de lecture

en partenariat avec la Conférence épiscopale de France

Deuxième édition revue et corrigée

Lessius · Conférence des évêques de France · ceras Recherche et Action sociales · fidélité

Belgique : 7, rue de Blondeau • 5000 Namur
France : 14, rue d'Assas • 75006 Paris
info@editionsjesuites.com • www.editionsjesuites.com

Dépôt légal : D.2016, 4323.05

ISBN : 978-2-87356-702-6

Imprimé en Belgique

NOTE SUR CETTE ÉDITION

Cette édition entend offrir des éléments pour une meilleure compréhension de *Laudato si'*, ainsi qu'un guide de lecture pour en tirer profit sur le long terme.

C'est ainsi que, pour présenter le texte de l'encyclique, Mgr Jean-Luc Brunin, président du conseil « Famille et société » de la Conférence épiscopale de France, a écrit une préface. Celle-ci est suivie d'une introduction générale par Grégoire Catta s.j. (CERAS) et Alain Thomasset s.j. (Centre Sèvres).

Chaque chapitre est introduit, annoté et conclu par un guide de lecture (en encadré). Le chapitre 1 a été confié à Jean-Bernard Baudin (ENS-Ulm) et Bertrand Hériard s.j. (CERAS) ; le chapitre 2, à François Euvé s.j. (revue *Études* et Centre Sèvres) ; le chapitre 3, à Éric Charmetant s.j. (Centre Sèvres) ; le chapitre 4, à Luc Dubrulle (Institut catholique de Paris) ; le chapitre 5, à Guy Cossée de Maulde s.j. (Centre Avec, Bruxelles) ; et le chapitre 6, à Elena Lasida (Institut catholique de Paris).

En bas de page, les notes de l'encyclique et celles des commentateurs se distinguent par des polices de caractères spécifiques.

Au sein du texte, par ailleurs, les mots suivis d'un astérisque renvoient, en fin de volume, au glossaire rédigé par Bertrand Cassaigne s.j. (CERAS). À ce glossaire, on a cru bon d'ajouter trois index : thématique, biblique et onomastique (conçus par Grégoire Catta et Yves Roullière).

L'ensemble a été revu par Bertrand Hériard s.j. et Christian Mellon s.j. (CERAS).

Les éditeurs remercient très vivement la Conférence épiscopale de France et le CERAS d'avoir participé avec enthousiasme à la conception et à la mise en œuvre de cette édition.

Yves Roullière

LISTE DES ABRÉVIATIONS

AAS	coll. Acta Apostolicae Sedis (Actes du Siège apostolique)	OA	*Octogesima adveniens*
		OR	*L'Osservatore Romano*
CA	*Centesimus annus*	PG	coll. Patrologie grecque
CV	*Caritas in veritate*	PL	coll. Patrologie latine
EG	*Evangelii gaudium*	PP	*Populorum progressio*
FF	coll. Fontes Francescani	PT	*Pacem in terris*
GS	*Gaudium et spes*	QA	*Quadragesimo anno*
LE	*Laborem exercens*	RN	*Rerum novarum*
LS	*Laudato si'*	SC	coll. Sources chrétiennes
MM	*Mater et magistra*	SRS	*Sollicitudo rei socialis*

Les mots suivis d'un astérisque * renvoient au glossaire en fin d'ouvrage.
Les chiffres entre parenthèses, lorsqu'ils ne sont précédés d'aucune lettre, renvoient à l'un des 246 paragraphes de *Laudato si'*. Sinon, ils indiquent le ou les paragraphes de l'un des documents listés ci-dessus.
Les textes des contributeurs et des commentateurs sont composés dans une police de caractères différente de celle de l'encyclique et de ses notes proprement dites.
Les notes de l'encyclique, signalées par des appels numériques, sont celles de la version française diffusée par la Salle de presse du Saint-Siège.
Les notes de commentaire, signalées par des appels littéraux, sont dues aux contributeurs de cette présentation de l'encyclique.

PRÉFACE

Dans un ouvrage paru en français en mai 2006[a]*, Jared Diamond, biologiste et géographe de l'Université de Californie, présente, dans un vaste panorama historique, les sociétés disparues du passé, celles qui furent capables d'enrayer leur effondrement et celles qui aujourd'hui se trouvent fragilisées. À ses yeux, il n'existe aucun cas dans lequel l'effondrement d'une société serait attribuable aux seuls dommages écologiques. Mais il retient cinq facteurs déterminants dans le processus de fragilisation et de disparition des sociétés : un changement climatique ; des voisins hostiles ; des rapports de dépendance à l'égard de partenaires commerciaux ; les réponses apportées par la société selon ses ressources culturelles et ses valeurs propres. Cette complexité de facteurs permet de croire qu'il n'y a aujourd'hui rien d'inéluctable dans le processus de dégradation globalisée de l'environnement. Verser dans une approche catastrophiste des questions environnementales compromettrait l'exercice de la responsabilité humaine.*

C'est bien le ton qu'adopte le pape François dans l'encyclique Laudato si'*: c'est sur le terrain de l'éthique et du spirituel qu'il veut porter la question écologique. Ayant pris soin de recueillir les avis de la communauté scientifique et ayant mesuré la faiblesse de la réaction politique internationale, le Saint-Père se refuse pourtant*

---

a. Jared Diamond, *Effondrement : comment les sociétés décident de leur disparition ou de leur survie*, Gallimard, coll. NRF Essais, 2006.

à adopter en ces domaines des positions définitives. Cependant, il pose clairement la question de la responsabilité des hommes dans la crise écologique actuelle.

La responsabilité humaine

La responsabilité humaine comporte un double aspect. Le pape François reconnaît l'effet de l'action des hommes dans le processus de dégradation environnementale et sociale. Mais, loin de s'en tenir à une dénonciation, il en appelle positivement à la responsabilité de chacun pour «sortir de la spirale d'autodestruction dans laquelle nous nous enfonçons» (163). Alors que nous pourrions être gagnés par le désenchantement, il se dit persuadé que «l'humanité possède encore la capacité de collaborer pour construire notre maison commune» (13). Ce souffle d'espérance trouve son fondement dans la foi au Christ Sauveur qui guérit la liberté de l'homme. Elle devient alors «capable de limiter la technique, de l'orienter, comme de la mettre au service d'un autre type de progrès, plus sain, plus humain, plus social, plus intégral» (112).

Un message universel

L'encyclique Laudato si' *a ceci de particulier qu'elle s'adresse directement à tous les humains: «Face à la détérioration globale de l'environnement, je voudrais m'adresser à chaque personne qui habite cette planète» (3). Lorsqu'un problème crucial se trouve posé, les papes ont toujours souhaité dépasser la limite de la communauté des fidèles catholiques pour universaliser le cercle de leurs auditeurs.* Laudato si' *rejoint ainsi la série des grandes encycliques, depuis* Rerum novarum *jusqu'à* Caritas in veritate, *qui ont cherché à porter un message universel sur une question jugée décisive pour le devenir de l'humanité, qu'il s'agisse de la condition ouvrière, de la paix dans le monde, du développement des peuples, du travail humain, de la solidarité ou de la crise financière de 2007-2008, et aujourd'hui de la crise écologique.*

En évoquant la figure de François d'Assise, ce saint «aimé aussi par beaucoup de personnes qui ne sont pas chrétiennes», le pape renforce le caractère universel de son message. Il est «l'exemple par excellence de la protection de ce qui est faible et d'une écologie intégrale vécue avec joie et authenticité» (10).

La responsabilité des disciples du Christ

Dans la perspective d'une «écologie intégrale», la responsabilité des chrétiens se détermine à partir d'une double instance : l'examen des réalités du monde et une référence explicite aux données de la Révélation chrétienne. La mise en rapport des situations humaines avec le dépôt de la foi donne au message de l'Église toute sa force et sa pertinence : «Les réflexions théologiques ou philosophiques sur la situation de l'humanité et du monde peuvent paraître un message répétitif et abstrait, si elles ne se présentent pas de nouveau à partir d'une confrontation avec le contexte actuel, en ce qu'il a d'inédit pour l'histoire de l'humanité» (17).

Le pape François ne se contente donc pas de mettre une touche verte à l'enseignement magistériel. Il adopte une approche globale, qui permet de «penser aux diverses composantes d'une écologie intégrale, qui a clairement des dimensions humaines et sociales» (137). Ainsi, les questions d'environnement, de développement, de solidarité avec les plus pauvres, ne sont pas périphériques pour la foi chrétienne. La façon dont les chrétiens habitent leur environnement est constitutive de leur relation à Dieu et de leur réponse à Celui qui confie aux hommes le soin de sa création, appelée à devenir la «maison commune» de toute l'humanité. Le pape appelle les chrétiens à une dilatation de la charité à l'ensemble du créé, pour vivre concrètement la dimension écologique de la foi au Christ : «Vivre la vocation de protecteurs de l'œuvre de Dieu est une part essentielle d'une existence vertueuse ; cela n'est pas quelque chose d'optionnel ni un aspect secondaire dans l'expérience chrétienne» (217).

Pour vivre notre foi à hauteur des enjeux révélés par la crise actuelle, il est essentiel de «recevoir» ce texte afin de nous en faire l'écho et d'inviter à une authentique «conversion écologique».

C'est bien au service d'une meilleure réception de Laudato si' *que ce guide de lecture vous est présenté. Il aidera à approfondir l'enseignement du pape François, à conduire un dialogue large avec nos contemporains pour tracer des lignes d'orientation et d'action à tous niveaux. Que l'équipe du CERAS et les auteurs qui ont apporté leur contribution soient ici vivement remerciés.*

+ Jean-Luc Brunin
Évêque du Havre,
président du conseil « Famille et société »

INTRODUCTION GÉNÉRALE

UN APPEL À UNE « RÉVOLUTION CULTURELLE » POUR UNE « ÉCOLOGIE INTÉGRALE »

« Prendre soin[a] de notre maison commune », car la terre est malade et les pauvres sont les premiers à en souffrir ! C'est l'appel que lance le pape François dans cette lettre encyclique, invitant « chaque personne qui habite cette planète » (3) à prendre conscience de la gravité de la situation et de la nécessité d'une « conversion qui nous unisse tous » (14) en vue d'une action responsable. « Ce qui arrive en ce moment nous met devant l'urgence d'avancer dans une révolution culturelle courageuse » (114), pour une « écologie intégrale » qui à la fois préserve la création, mène le combat pour la justice envers les pauvres et redécouvre un chemin intérieur de paix et de joie. Notre « sœur et mère la terre » (1), comme l'appelle François d'Assise, est belle. Elle nous invite à louer le Créateur, mais elle est blessée et gémit « à cause des dégâts que nous lui causons par l'utilisation irresponsable et par l'abus des biens que Dieu a déposés en elle » (2). Nul doute que ce document fera date pour tous ceux, chrétiens ou non, qui se mobilisent pour « sauver la planète ».

---

a. La traduction française « sauvegarde » ne rend pas entièrement le sens du « soin » qu'il s'agit d'exercer à l'égard de notre maison commune* (en anglais : *care* ; en espagnol : *cuidado* ; en italien : *cura*).

Un document unique, un contexte d'urgence

Cette encyclique s'inscrit dans un contexte d'urgence. La crise écologique a pris une ampleur inquiétante. Publié au moment où se prépare l'adoption de nouveaux objectifs pour le développement durable, cinq mois avant la réunion à Paris de la conférence des Nations unies sur les changements climatiques (COP 21), ce texte veut contribuer à la conversion des esprits qui est nécessaire pour trouver des solutions globales et efficaces. De même que Jean XXIII, en son temps, s'était adressé dans *Pacem in terris* (1963) à «tous les hommes de bonne volonté» pour faire face à la menace de guerre nucléaire et offrir un chemin de paix (3), François affronte aujourd'hui la crise de l'environnement en proposant un dialogue avec tous et en y apportant les ressources de la tradition chrétienne. Face à la lenteur des négociations et à la difficulté des États à renoncer à leurs intérêts immédiats, les institutions internationales et les organisations qui œuvrent pour un développement durable attendaient beaucoup d'une parole de l'Église. Les premières réactions ont d'ailleurs été enthousiastes de la part de nombreuses personnes peu inclines d'habitude à chanter les louanges de l'Église. Plusieurs acteurs — des institutions comme la Banque mondiale ou des personnalités comme Nicolas Hulot et l'ancien ministre Pascal Canfin — avaient déjà indiqué combien les traditions spirituelles pouvaient jouer un rôle important dans le débat mondial sur la transition écologique.

Laudato si' est le premier texte pontifical d'importance consacré à ce thème. Si de nombreux chrétiens, les jeunes en particulier, se sont mobilisés ces dernières années sur les questions écologiques, il est vrai que peu de réflexions centrées sur ce sujet avaient été publiées par les autorités de l'Église catholique. En ce domaine, les Églises protestantes et orthodoxes ont fait œuvre de précurseurs. En 1983, le Conseil œcuménique des Églises avait déjà vécu un véritable virage environnementaliste, en ajoutant au couple classique «justice» et «paix» le champ nouveau de la «sauvegarde de la création». En 2002, le patriarche orthodoxe Bartholomée Ier, conjointement avec le pape Jean-Paul II, lançait «l'appel de Venise» pour une conversion des modes de vie et une éthique écologique.

Dans l'Église catholique, ce sont surtout le discours de Paul VI à la FAO (Organisation des Nations unies pour l'alimentation et l'agriculture) en 1970, deux messages pour les journées mondiales de la paix (de Jean-Paul II en 1990 et de Benoît XVI en 2010), ainsi que les prises de position de diverses conférences épiscopales (dont celle de la France en 2012) qui servaient de référence. Avec cette encyclique, le pape François comble le manque d'un texte approfondi et d'autorité universelle et donne une forte impulsion à la réflexion chrétienne sur l'environnement et sur la crise sociale qui lui est liée.

Un héritage et une nouveauté

Ce document, dont le pape déclare qu'il «s'ajoute au Magistère social de l'Église» (15), s'inscrit dans une tradition. Reprenant longuement l'apport de ses prédécesseurs, François se propose de compléter la réflexion de l'enseignement social de l'Église en appliquant ses grands principes (destination universelle des biens, recherche du bien commun, justice sociale, solidarité, subsidiarité) à la recherche d'une «écologie intégrale». Mais — et c'est une attention nouvelle, déjà manifeste dans l'exhortation *Evangelii gaudium* — il cite aussi de nombreuses conférences épiscopales des divers continents, montrant ainsi son désir de recueillir l'expérience des chrétiens, en particulier de ceux qui habitent les pays pauvres les plus atteints par la crise qui s'avance. Il faut également relever l'importance donnée aux apports de la science dans l'analyse de la situation (surtout au chapitre 1), ainsi que l'hommage appuyé au patriarche Bartholomée (8-9), tout comme la citation d'un sage soufi (233). Dans un style personnel, simple, émaillé de nombreuses références à la vie ordinaire, François met en œuvre l'art de la conversation et du dialogue avec tous qu'il souhaite voir se développer dans la société et dans l'Église au sujet de ces questions.

Malgré sa longueur, ce document est facile à lire. Il comprend six chapitres où alternent l'analyse sociale du monde et les références à la richesse de la tradition chrétienne: autre manière de mener le dialogue entre l'Église et le monde mis en avant par le concile

Vatican II dans *Gaudium et spes*. On y retrouve aussi sa méthode : voir, juger, agir.

Le premier chapitre étudie divers éléments de la crise écologique, en prenant en compte « les meilleurs résultats de la recherche scientifique » (15) ; c'est la première fois que les thèmes du changement climatique et de la biodiversité sont abordés par le Magistère romain. Vient ensuite une méditation sur « l'évangile de la création » (chapitre 2), véritable parcours biblique qui présente les lumières de la foi sur la manière de voir le monde comme don du Créateur et de l'habiter en harmonie avec toutes les créatures. Le chapitre 3 revient sur l'analyse des causes profondes de la crise écologique, dénonçant notamment la tyrannie du « paradigme technocratique », mais rappelant aussi qu'elle s'enracine dans les maladies du cœur de l'homme : égoïsme, indifférence ou « relativisme pratique », reflets d'un « anthropocentrisme dévié ». Dans le chapitre 4, véritable pivot de la réflexion, le pape François expose sa conception d'une « écologie intégrale » qui prend en compte de multiples dimensions : environnementale mais aussi économique, sociale, culturelle et spirituelle. Sont mises en évidence les différentes relations entre les créatures et leur environnement, mais aussi les questions de la pauvreté, des inégalités et des modes de vie. À la lumière de cette vision originale et globale, le chapitre 5 expose quelques lignes d'orientation et d'action. Elles se fondent sur un « dialogue » renouvelé, tant au niveau des politiques nationales et internationales que des actions locales qui nous concernent tous. Le chapitre 6 revient sur les motivations et l'éducation nécessaires pour amorcer notre conversion intérieure en vue de nouveaux modes de vie : la « spiritualité écologique », indispensable pour agir, peut beaucoup recevoir des trésors de la tradition chrétienne.

Chaque chapitre possède sa propre thématique et sa méthode mais reprend — le pape le souligne — des questions et des thèmes qui traversent toute l'encyclique. Ces thèmes récurrents, il en donne lui-même la liste à la fin de son introduction : « l'intime relation entre les pauvres et la fragilité de la planète ; la conviction que tout est lié dans le monde ; la critique du nouveau paradigme et des formes de pouvoir qui dérivent de la technologie ; l'invitation à chercher d'autres façons de comprendre l'économie et le progrès ; la valeur propre de chaque créature ; le sens humain de l'écologie ; la nécessité de débats sincères et honnêtes ; la grave responsabilité de la politique internationale et locale ; la culture du déchet et la proposition d'un nouveau style de vie» (16). Autant de clés de lecture qui nous sont ainsi données pour nous approprier ce document. Reprenons quelques-uns de ces thèmes.

Tout est lié

«Tout est lié» : l'expression revient constamment sous la plume de François. Elle traduit la profonde unité d'un texte qui pourrait, à première vue, sembler disparate. La question écologique est certes centrale mais elle n'est jamais séparée d'autres questions essentielles que le pape souhaite aborder : la justice à l'égard des pauvres, les modes de vie et de consommation, les raisons de vivre en ce monde. En effet, notre manière d'habiter le monde touche à notre relation à la nature et aux autres créatures mais aussi à nos frères humains, à nous-mêmes et finalement à Dieu (10 et 237). L'expression originale de «maison commune», présente dans le titre même de l'encyclique, souligne bien l'étroite liaison entre écologie, justice sociale, éthique et spiritualité. L'écologie est déjà en elle-même une science des relations multiformes entre les espèces et leur environnement, mais nous sommes invités à élargir encore notre regard.

Le pape insiste sur le lien entre écologie et justice sociale avec les formules frappantes dont il a le secret : «Une vraie approche écologique se transforme toujours en une approche sociale [...] pour écouter tant la clameur de la terre que la clameur des pauvres» (49). Car les pauvres sont bien souvent les premières victimes des changements climatiques et de l'appauvrissement des écosystèmes. Ils sont ceux qui ne peuvent pas attendre (162). En même temps, «la culture du déchet affecte aussi bien les personnes exclues que les choses, vite transformées en ordure» (22) et la manière de traiter les autres créatures est parfois symptomatique de notre rapport aux êtres humains (92). Tout est lié : «Il n'y a pas deux crises séparées, l'une environnementale et l'autre sociale, mais une seule et complexe crise socio-environnementale. Les possibilités de solution requièrent une approche intégrale pour combattre la pauvreté, pour rendre la dignité aux exclus et simultanément pour préserver la nature» (139). La Bible ne nous enseigne-t-elle pas que «quand la justice n'habite plus la terre [...] toute la vie est en danger» (70)?

La crise écologique est aussi une crise humaine et morale: «La dégradation de l'environnement comme la dégradation humaine et éthique sont intimement liées» (56). Comment voulons-nous vivre et selon quelles valeurs? Quelle solidarité avec les pauvres et avec les générations à venir? Le système économique et social du monde actuel «est insoutenable de divers points de vue, parce que nous avons cessé de penser aux fins de l'action humaine» (61). La question écologique est, dans son fond, une question spirituelle: «Pour quoi passons-nous en ce monde, pour quoi venons-nous à cette vie, pour quoi travaillons-nous et luttons-nous, pour quoi cette terre a-t-elle besoin de nous? [...] C'est un drame pour nous-mêmes, parce que cela met en crise le sens de notre propre passage sur cette terre» (160). La figure du *poverello* d'Assise, que le pape met en valeur (10-12) et dont il a pris le nom, illustre son souci de ne pas séparer amour de la nature, amour des pauvres et paix intérieure dans la louange au Créateur de toute chose.

Tel est le sens de l'expression «écologie intégrale», thème du chapitre central de l'encyclique. Elle fait écho à celle de «développement intégral» mise en avant par Paul VI dans *Populorum progressio* (1967). S'il s'agit de sauver la planète menacée par de nombreux maux, il faut également réduire les inégalités (138-142), sauvegarder les richesses culturelles (143-146), promouvoir une écologie de la vie quotidienne et du cadre de vie (147-155). Ces différents objectifs, loin de s'opposer, se complètent et s'appuient mutuellement. C'est dans ce cadre que prend place une «écologie humaine», qui invite l'homme à accueillir et prendre soin de son propre corps comme un don reçu de Dieu, tout comme l'ensemble de la Création (155). Une invitation aussi à accepter joyeusement le don spécifique de l'autre, homme ou femme, dans son altérité et de prendre soin du bien commun (156-158). Si tout est lié, c'est finalement parce que tout est donné.

Les causes humaines du mal

Le pape dresse une analyse particulièrement lucide de la situation actuelle. Dans le premier chapitre, qui explore « ce qui se passe dans notre maison », il rappelle clairement que « la plus grande partie du réchauffement global des dernières décennies est due à la grande concentration de gaz à effet de serre [...] émis surtout à cause de l'activité humaine » (23). Cette prise de position — la première de la papauté sur ce sujet — est importante, car de nombreux climato-sceptiques continuent de nier cette réalité, aux États-Unis en particulier. Quand le pape appelle à changer notre mode de vie, il sait que ce ne sera pas facile, car les racines de la résistance sont profondes.

Parmi les axes qui traversent toute son encyclique, le pape mentionne « la critique du nouveau paradigme et des formes de pouvoir qui dérivent de la technologie » et « l'invitation à chercher d'autres façons de comprendre l'économie et le progrès ». François développe en effet une critique originale de ce qu'il nomme le « paradigme technocratique dominant », qui tend à faire de la « méthodologie et des objectifs de la techno-science un paradigme de compréhension qui conditionne la vie des personnes et le fonctionnement de la société » (107). Il ne nie pas que les apports de la technologie sont précieux (il ne s'agit pas « de retourner à l'âge des cavernes » [114]), et invite même à ne pas en ignorer la beauté : « Peut-on nier la beauté d'un avion, ou de certains gratte-ciel ? » (103), va-t-il jusqu'à dire ! Le problème vient du fait que cette manière de penser est devenue « homogène et unidimensionnelle » (106) et qu'elle invite à appréhender toute chose, y compris l'être humain, sous le mode de l'utilité, de l'efficacité et de la manipulation dominatrice. Le théologien allemand Romano Guardini (1885-1968), qui inspirait déjà Benoît XVI, sert de guide dans cette dénonciation, notamment par son ouvrage à bien des égards prophétique, *La fin des temps modernes* (édition française de 1952). D'autres analyses plus contemporaines de la technique auraient pu être évoquées, mais l'intuition centrale est vigoureuse : l'idolâtrie de la techno-science et du marché, la financiarisation excessive de l'économie et la culture de la consommation sans limites sont liées (104). Là aussi le propos est vif: «Tout ce qui est fragile, comme l'environnement, reste sans défense par rapport aux intérêts du marché divinisé, transformés en règle absolue» (56); ou encore: «L'économie assume tout le développement technologique en fonction du profit, sans prêter attention à d'éventuelles conséquences négatives pour l'être humain. Les finances étouffent l'économie réelle. Les leçons de la crise financière mondiale n'ont pas été retenues» (109). Le pape est sévère avec les dirigeants et les puissants de ce monde qui font passer leurs intérêts avant la recherche du bien commun; à ses yeux, «l 'immédiateté politique» est un «drame» (178), car elle fait obstacle à toute pensée au-delà du court terme.

Le diagnostic ne s'arrête cependant pas aux grandes causes structurelles de la crise; il découvre ses racines dans les maladies du cœur de l'homme: «La violence qu'il y a dans le cœur humain blessé par le péché se manifeste aussi à travers les symptômes de maladie que nous observons dans le sol, dans l'eau, dans l'air et dans les êtres vivants» (2). Ici encore, tout est lié. François souligne les tendances égoïstes, les comportements individualistes ou consuméristes qui «distraient» les personnes, les «assoupissent» et les «aveuglent» face aux problèmes du moment (56-59): «Quand les personnes deviennent autoréférentielles et s'isolent dans leur propre conscience, elles accroissent leur voracité. En effet, plus le cœur de la personne est vide, plus elle a besoin d'objets à acheter, à posséder et à consommer» (204). À l'inverse, lorsque les personnes s'ouvrent généreusement aux autres, à la contemplation de la beauté du monde, à la louange du Créateur, elles peuvent s'engager avec joie pour une terre meilleure pour tous.

Notons enfin qu'est prise en compte l'accusation souvent reprise à l'égard de la pensée judéo-chrétienne: elle serait à l'origine de la mentalité dominatrice face à la nature. L'invitation de la Genèse (1,26) à «dominer» la terre a pu être comprise comme favorisant une exploitation sans frein, mais «ce n'est pas, dit le pape François, une interprétation correcte de la Bible, comme la comprend l'Église». Lus dans leur contexte et avec une herméneutique adéquate, les textes nous invitent à «cultiver et garder le jardin du monde» (Gn 2,15) (67). S'il est vrai que le dessein de Dieu donne à l'homme une place particulière dans l'univers, cette place doit être bien comprise : elle ne doit donner lieu ni à un «anthropocentrisme despotique» (68) ni à un «bio-centrisme» qui serait un nouveau déséquilibre (118), mais plutôt à une «réciprocité responsable entre l'être humain et la nature», dans la reconnaissance de la «valeur propre» de chaque être vivant (69).

Les ressources pour y faire face

Les commentaires précédents pourraient laisser croire que le ton de l'encyclique est très pessimiste, voire dramatique. Certes le document ne minimise jamais les dangers auxquels nous sommes affrontés et il porte sur la situation un regard lucide (il s'agit de «graves dommages» ou de «graves injustices») et un jugement acéré (il dénonce l'inaction, les demi-mesures ou la «joyeuse irresponsabilité» de beaucoup). Mais le pape ne désespère jamais de la capacité des humains à se ressaisir et veut ouvrir une belle espérance pour l'engagement dans l'action qui s'impose à tous. Le ton du texte est même, par moments, singulièrement joyeux, invitant à l'émerveillement, à l'étonnement, au dynamisme.

Pour faire face à la situation, l'encyclique reprend à rebours les causes du mal et offre différentes «lignes d'orientation et d'action» (chapitre 5), tout en indiquant un chemin «d'éducation et de spiritualité écologiques» (chapitre 6). En premier lieu, le pape François répète qu'il n'y a pas de fatalité et que les hommes peuvent, s'ils le veulent, s'engager dans la «conversion écologique» dont il dessine les contours. Celle-ci passera par le «dialogue», à tous les niveaux. D'abord au niveau international où des expériences positives existent déjà (comme la Convention de Vienne pour la protection de la couche d'ozone — 1985) et où des accords sont nécessaires pour programmer une agriculture durable, des formes d'énergies renouvelables, une gestion adéquate des ressources naturelles, comme les forêts ou l'eau (164-175). Dialogue également aux plans national et local : il s'agit de recueillir l'expérience des populations capables d'exercer une pression salutaire sur des politiques souvent incapables de prendre leurs responsabilités (176-181). Dialogue encore dans les processus de décision : ils doivent être transparents, ouverts à toutes les parties intéressées et les habitants doivent y avoir une place privilégiée (182-188). Dialogue enfin entre la politique et l'économie, appelées à se mettre au service de la vie et non des intérêts financiers. De nouvelles formes de croissance — voire de « décroissance » dans certaines parties du monde — doivent être imaginées (189-198). « J'invite, dit le pape, à un débat honnête et transparent, pour que les besoins particuliers ou les idéologies n'affectent pas le bien commun » (188).

Dans ces débats, il importe de noter que les responsabilités sont « communes mais différenciées » (170) : les pays développés, qui ont émis une énorme quantité de gaz à effet de serre, ont une « dette écologique » (51) à l'égard des pays pauvres qui, pour leur part, ont pour priorité « l'éradication de la misère et le développement social de leurs habitants » (172), tout en développant des formes moins polluantes de production. Une solidarité est d'autant plus nécessaire. De même, les sociétés technologiquement avancées doivent être « disposées à favoriser des comportements plus sobres, réduisant leurs propres besoins d'énergie et améliorant les conditions de son utilisation » (193, reprenant un message de Benoît XVI en 2010).

La « conversion écologique » suppose qu'on développe de « nouvelles convictions, attitudes et formes de vie ». À l'encontre des réflexes consuméristes, il s'agit de changer de comportement, en développant la responsabilité sociale des consommateurs, car « acheter est aussi un acte moral » (206). Ce sont encore de « petites actions quotidiennes » qui font « un style de vie » : « Réduire la consommation d'eau, trier les déchets, cuisiner seulement ce que l'on pourra raisonnablement manger, traiter avec attention les autres êtres vivants, utiliser les transports publics ou partager le même véhicule entre plusieurs personnes, planter des arbres, éteindre les lumières inutiles » (211).

Pour susciter cette « citoyenneté écologique », les lois ne seront jamais suffisantes. Une éducation et une spiritualité en seront les leviers : « C'est seulement en cultivant de solides vertus que le don de soi dans un engagement écologique est possible. Si une personne a l'habitude de se couvrir un peu au lieu d'allumer le chauffage alors que sa situation lui permettrait de consommer et de dépenser plus, cela suppose qu'elle a intégré des convictions et des sentiments favorables à l'environnement» (211). Le pape invite à cultiver une «sobriété heureuse», à «prêter attention à la beauté», qui nous aide à «sortir du pragmatisme utilitaire» (215). Pour cela, la spiritualité chrétienne peut déployer toute sa richesse en suscitant «une mystique qui nous anime» (216). Les dernières pages de l'encyclique sont sans doute parmi les plus belles, qui décrivent les attitudes intérieures de ceux qui, à l'image de François d'Assise, Charles de Foucauld ou Thérèse de Lisieux, ont suivi Jésus dans son regard d'amour pour le monde et pour les hommes. L'Évangile et la vie chrétienne fournissent de précieuses ressources pour vivre la conversion nécessaire: entrer dans une attitude de gratitude et de gratuité face à ce monde reçu de l'amour du Père; vivre dans la «conscience amoureuse» que Dieu unit tous les êtres et que nous sommes reliés à toutes les formes de vie (220); croire que chaque créature reflète quelque chose de Dieu (221) et que le Christ ressuscité habite de sa présence toute la création, créée en lui et appelée en lui à son accomplissement (83 et 99). Par son exemple, Jésus nous enseigne cette présence amoureuse aux autres — en particulier aux plus fragiles — et à la nature, nous faisant marcher vers une fraternité vraiment universelle. Mais, comme le soulignait déjà Benoît XVI dans *Caritas in veritate*, l'amour des petits gestes quotidiens est aussi «un amour civil et politique» qui se traduit au plan social par des transformations structurelles.

La spiritualité chrétienne qui invite à chercher et trouver Dieu en toute chose (233-234) nous aide à mieux saisir la connexion intime entre Dieu et tous les êtres. Et l'eucharistie, à l'aune de tous les sacrements, rend manifeste par les signes du pain et du vin notre relation intime avec Celui qui s'est fait nourriture pour nous, nous rendant capables à notre tour de vivre l'union entre nous et de devenir «gardiens de toute la création» (236-237). Même le mystère de la Trinité, tissu de «relations subsistantes», nous aide à admirer les innombrables relations dont nous sommes constitués et nous invite à une «solidarité globale» (240).

Un appel exigeant et humble

«Les gémissements de sœur terre se joignent au gémissement des abandonnés du monde, dans une clameur exigeant de nous une autre direction» (53). «À la fois joyeuse et dramatique» (246), l'encyclique du pape François impressionne par la profondeur de ses analyses, par sa hauteur de vue et la vigueur de son appel à changer nos modes de vie et nos manières de penser. Mais c'est aussi par son style simple, par son ouverture aux contributions de tous les savoirs et de toutes les parties du monde, par son discours accessible au-delà des frontières de l'Église, que se manifeste le désir de François de dialoguer avec tous pour affronter ensemble les défis de la crise écologique et sociale. De manière significative, il termine son encyclique par une double prière, une pour tous ceux qui croient en un Dieu Créateur, une autre pour les chrétiens. Par son contenu et par son ton, cette démarche illustre avec force quelle contribution essentielle les religions, et parmi elles le christianisme, peuvent apporter au débat public mondial qu'exigent la sauvegarde et le soin de notre maison commune.

Alain Thomasset et Grégoire Catta

1. «*Laudato si', mi' Signore*» («Loué sois-tu, mon Seigneur»), chantait saint François d'Assise. Dans ce beau cantique, il nous rappelait que notre maison commune* est aussi comme une sœur, avec laquelle nous partageons l'existence, et comme une mère, belle, qui nous accueille à bras ouverts : «Loué sois-tu, mon Seigneur, pour sœur notre mère la terre, qui nous soutient et nous gouverne, et produit divers fruits avec les fleurs colorées et l'herbe[1].»

2. Cette sœur crie en raison des dégâts que nous lui causons par l'utilisation irresponsable et par l'abus des biens que Dieu a déposés en elle. Nous avons grandi en pensant que nous étions ses propriétaires et ses dominateurs, autorisés à l'exploiter. La violence qu'il y a dans le cœur humain blessé par le péché se manifeste aussi à travers les symptômes de maladie que nous observons dans le sol, dans l'eau, dans l'air et dans les êtres vivants. C'est pourquoi, parmi les pauvres* les plus abandonnés et maltraités, se trouve notre terre opprimée et dévastée, qui «gémit en travail* d'enfantement» (Rm 8, 22). Nous oublions que nous-mêmes, nous sommes poussière (cf. Gn 2, 7). Notre propre corps est constitué d'éléments de la planète, son air nous donne le souffle et son eau nous vivifie comme elle nous restaure.

1. FRANÇOIS D'ASSISE, *Cantique des créatures*, Cerf, SC 285, p. 343-345.

Rien de ce monde ne nous est indifférent

3. Il y a plus de cinquante ans, quand le monde vacillait au bord d'une crise nucléaire, le pape saint Jean XXIII a écrit une encyclique dans laquelle il ne se contentait pas de rejeter une guerre, mais a voulu transmettre une proposition de paix. Il a adressé son message *Pacem in terris* « aux fidèles de l'univers » tout entier, mais il ajoutait « ainsi qu'à tous les hommes de bonne volonté ». À présent, face à la détérioration globale de l'environnement, je voudrais m'adresser à chaque personne qui habite cette planète. Dans mon exhortation *Evangelii gaudium*, j'ai écrit aux membres de l'Église en vue d'engager un processus de réforme missionnaire encore en cours. Dans la présente encyclique, je me propose spécialement d'entrer en dialogue* avec tous au sujet de notre maison commune*.

4. Huit ans après *Pacem in terris*, en 1971, le bienheureux pape Paul VI s'est référé à la problématique écologique, en la présentant comme une crise qui est « une conséquence... dramatique » de l'activité sans contrôle de l'être humain : « Par une exploitation inconsidérée de la nature [l'être humain] risque de la détruire et d'être à son tour la victime de cette dégradation[2]. » Il a parlé également à la FAO de la possibilité de « l'effet des retombées de la civilisation industrielle, [qui risquait] de conduire à une véritable catastrophe écologique », en soulignant « l'urgence et la nécessité d'un changement presque radical dans le comportement de l'humanité », parce que « les progrès scientifiques les plus extraordinaires, les prouesses techniques les plus étonnantes, la croissance* économique la plus prodigieuse,

2. Lettre apostolique *Octogesima adveniens* (14 mai 1971), n° 21 : AAS 63, 1971, p. 416-417.

si elles ne s'accompagnent d'un authentique progrès social et moral, se retournent en définitive contre l'homme[3] ».

5. Saint Jean-Paul II s'est occupé de ce thème avec un intérêt toujours grandissant. Dans sa première encyclique, il a prévenu que l'être humain semble « ne percevoir d'autres significations de son milieu naturel que celles de servir à un usage et à une consommation dans l'immédiat[4] ». Par la suite, il a appelé à une *conversion* écologique* globale[5]. Mais en même temps, il a fait remarquer qu'on s'engage trop peu dans « la sauvegarde des conditions morales d'une "*écologie humaine**" authentique[6] ». La destruction de l'environnement humain est très grave, parce que non seulement Dieu a confié le monde à l'être humain, mais encore la vie de celui-ci est un don qui doit être protégé de diverses formes de dégradation. Toute volonté de protéger et d'améliorer le monde suppose de profonds changements dans « les styles de vie, les modèles de production et de consommation, les structures de pouvoir établies qui régissent aujourd'hui les sociétés[7] ». Le développement humain authentique a un caractère moral et suppose le plein respect de la personne humaine, mais il doit aussi prêter attention au monde naturel et « tenir compte de la nature de chaque être et de ses liens mutuels dans un système ordonné[8] ». Par conséquent, la capacité propre

3. *Discours à l'occasion du 25e anniversaire de la FAO* (16 novembre 1970), n° 4 : AAS 62, 1970, p. 833.
4. Lettre encyclique *Redemptor hominis* (4 mars 1979), n° 15 : AAS 71, 1979, p. 287.
5. Cf. *Catéchèse* (17 janvier 2001), n° 4 : *Insegnamenti* 24/1, 2001, 179 ; OR, éd. française (23 janvier 2001), n° 4, p. 12.
6. Lettre encyclique *Centesimus annus* (1er mai 1991), n° 38 : AAS 83, 1991, p. 841.
7. *Ibid.*, n° 58 : p. 863.
8. Jean-Paul II, lettre encyclique *Sollicitudo rei socialis* (30 décembre 1987), n° 34 : AAS 80, 1988, p. 559.

à l'être humain de transformer la réalité doit se développer sur la base du don des choses fait par Dieu à l'origine[9].

6. Mon prédécesseur Benoît XVI a renouvelé l'invitation à « éliminer les causes structurelles des dysfonctionnements de l'économie mondiale et à corriger les modèles de croissance* qui semblent incapables de garantir le respect de l'environnement[10] ». Il a rappelé qu'on ne peut pas analyser le monde seulement en isolant l'un de ses aspects, parce que « le livre de la nature* est unique et indivisible » et inclut, entre autres, l'environnement, la vie, la sexualité, la famille et les relations* sociales. Par conséquent, « la dégradation de l'environnement est étroitement liée à la culture qui façonne la communauté humaine[11] ». Le pape Benoît nous a proposé de reconnaître que l'environnement naturel est parsemé de blessures causées par notre comportement irresponsable. L'environnement social a lui aussi ses blessures. Mais toutes, au fond, sont dues au même mal, c'est-à-dire à l'idée qu'il n'existe pas de vérités indiscutables qui guident nos vies, et donc que la liberté humaine n'a pas de limites*. On oublie que « l'homme n'est pas seulement une liberté qui se crée de soi. L'homme ne se crée pas lui-même. Il est esprit et volonté, mais il est aussi nature[12] ». Avec une paternelle préoccupation, il nous a invités à réaliser que la création subit des préjudices, là « où nous-mêmes sommes les dernières instances, où le tout est simplement notre propriété que nous consommons uniquement pour nous-mêmes. Et le gaspillage des ressources de la Création commence là où nous ne recon-

9. Cf. Id., lettre encyclique *Centesimus annus* (1er mai 1991), n° 37 : AAS 83, 1991, p. 840.

10. *Discours au Corps diplomatique accrédité près le Saint-Siège* (8 janvier 2007) : AAS 99, 2007, n° 73.

11. Lettre encyclique *Caritas in veritate* (29 juin 2009), n° 51 : AAS 101, 2009, p. 687.

12. *Discours au Deutscher Bundestag*, Berlin (22 septembre 2011) : AAS 103, 2011, p. 664.

naissons plus aucune instance au-dessus de nous, mais ne voyons plus que nous-mêmes[13] ».

Unis par une même préoccupation

7. Ces apports des papes recueillent la réflexion d'innombrables scientifiques, philosophes, théologiens et organisations sociales qui ont enrichi la pensée de l'Église sur ces questions. Mais nous ne pouvons pas ignorer qu'outre l'Église catholique, d'autres Églises[a] et Communautés chrétiennes — comme aussi d'autres religions — ont nourri une grande préoccupation et une précieuse réflexion sur ces thèmes qui nous préoccupent tous. Pour prendre un seul exemple remarquable, je voudrais recueillir brièvement en partie l'apport du cher patriarche œcuménique Bartholomée, avec qui nous partageons l'espérance de la pleine communion ecclésiale.

8. Le patriarche Bartholomée s'est référé particulièrement à la nécessité de se repentir, chacun, de ses propres façons de porter préjudice à la planète, parce que « dans la mesure où tous

13. *Discours au clergé du diocèse de Bolzano-Bressanone* (6 août 2008) : AAS 100, 2008, p. 634.

a. François choisit de donner longuement la parole au patriarche de Constantinople. Il aurait pu citer aussi les vigoureuses prises de position du Conseil œcuménique des Églises (COE, en anglais WCC ou *World Council of Churches*) qui réunit plus de 350 Églises protestantes et orthodoxes. L'engagement de celui-ci est ancien : dès 1983, lors de son assemblée plénière à Vancouver, il avait ajouté « la sauvegarde de la création » au couple « justice » et « paix ». Des délégations œcuméniques étaient présentes lors des différentes négociations climatiques au sein de l'ONU. Des textes ont été régulièrement publiés, relayant les appels des communautés les plus vulnérables, mais porteurs d'un message d'espérance. Voir l'article de Guillermo Kerber, « Climat : quand les religions parlent d'une même voix » : http://www.revue-projet.com/articles/2015-07-kerber-climat-quand-les-religions-parlent-d-une-meme-voix/.

nous causons de petits préjudices écologiques», nous sommes appelés à reconnaître «notre contribution — petite ou grande — à la défiguration et à la destruction de la création[14]». Sur ce point, il s'est exprimé à plusieurs reprises d'une manière ferme et stimulante, nous invitant à reconnaître les péchés contre la création: «Que les hommes dégradent l'intégrité de la terre en provoquant le changement climatique, en dépouillant la terre de ses forêts naturelles ou en détruisant ses zones humides; que les hommes portent préjudice à leurs semblables par des maladies en contaminant les eaux, le sol, l'air et l'environnement par des substances polluantes, tout cela, ce sont des péchés[15]»; car «un crime contre la nature est un crime contre nous-mêmes et un péché contre Dieu[16]».

9. En même temps, Bartholomée a attiré l'attention sur les racines éthiques et spirituelles des problèmes environnementaux qui demandent que nous trouvions des solutions non seulement grâce à la technique mais encore à travers un changement de la part de l'être humain, parce qu'autrement nous affronterions uniquement les symptômes. Il nous a proposé de passer de la consommation au sacrifice, de l'avidité à la générosité, du gaspillage à la capacité de partager, dans une ascèse qui «signifie apprendre à donner, et non simplement à renoncer. C'est une manière d'aimer, de passer progressivement de ce que je veux à ce dont le monde de Dieu a besoin. C'est la libération de la peur, de l'avidité, de la dépendance[17]». Nous chrétiens, en outre, nous sommes appelés à «accepter le monde comme sacre-

14. *Message pour la Journée de prière pour la sauvegarde de la création* (1er septembre 2012).

15. *Discours à Santa Barbara, California* (8 novembre 1997); cf. John Chryssavgis, *On Earth as in Heaven: Ecological Vision and Initiatives of Ecumenical Patriarch Bartholomew*, Fordham University Press, Bronx, New York, 2012.

16. *Ibid.*

17. *Conférence au monastère d'Utstein*, Norvège (23 juin 2003).

ment de communion, comme manière de partager avec Dieu et avec le prochain à une échelle globale. C'est notre humble conviction que le divin et l'humain se rencontrent même dans les plus petits détails du vêtement sans coutures de la création de Dieu, jusque dans l'infime grain de poussière de notre planète[18] ».

Saint François d'Assise

10. Je ne veux pas poursuivre cette encyclique sans recourir à un beau modèle capable de nous motiver. J'ai pris son nom comme guide et inspiration au moment de mon élection en tant qu'évêque de Rome. Je crois que François est l'exemple par excellence de la protection de ce qui est faible et d'une écologie intégrale*, vécue avec joie et authenticité. C'est le saint patron de tous ceux qui étudient et travaillent autour de l'écologie, aimé aussi par beaucoup de personnes qui ne sont pas chrétiennes. Il a manifesté une attention particulière envers la création de Dieu ainsi qu'envers les pauvres* et les abandonnés. Il aimait et était aimé pour sa joie, pour son généreux engagement et pour son cœur universel. C'était un mystique et un pèlerin qui vivait avec simplicité et dans une merveilleuse harmonie avec Dieu, avec les autres, avec la nature et avec lui-même. En lui, on voit jusqu'à quel point sont inséparables la préoccupation pour la nature, la justice envers les pauvres*, l'engagement pour la société et la paix intérieure.

11. Son témoignage nous montre aussi qu'une écologie intégrale* requiert une ouverture à des catégories qui transcendent le langage des mathématiques ou de la biologie, et nous orientent vers l'essence de l'humain. Tout comme cela

18. *Discours au Ier Sommet de Halki : «Global Responsibility and Ecological Sustainability: Closing Remarks»*, Istanbul (20 juin 2012).

arrive quand nous tombons amoureux d'une personne, chaque fois qu'il regardait le soleil, la lune ou les animaux même les plus petits, sa réaction était de chanter, en incorporant dans sa louange les autres créatures. Il entrait en communication avec toute la création, et il prêchait même aux fleurs « en les invitant à louer le Seigneur, comme si elles étaient dotées de raison[19] ». Sa réaction était bien plus qu'une valorisation intellectuelle ou qu'un calcul économique, parce que pour lui, n'importe quelle créature était une sœur, unie à lui par des liens d'affection[a]. Voilà pourquoi il se sentait appelé à protéger tout ce qui existe. Son disciple saint Bonaventure rapportait que, « considérant que toutes les choses ont une origine commune, il se sentait rempli d'une tendresse encore plus grande et il appelait les créatures, aussi petites soient-elles, du nom de frère ou de sœur[20] ». Cette conviction ne peut être considérée avec mépris comme un romantisme irrationnel, car elle a des conséquences sur les opinions qui déterminent notre comportement. Si nous nous approchons de la nature et de l'environnement sans cette ouverture à l'étonnement et à l'émerveillement, si nous ne parlons plus le langage de la fraternité et de la beauté dans notre relation avec le monde, nos attitudes seront celles du dominateur, du consommateur ou du pur exploiteur de ressources, incapable de fixer des limites* à ses intérêts immédiats. En revanche, si nous nous sentons intimement unis à tout ce qui existe, la sobriété et le souci de protection jailliront spontanément. La pauvreté et

19. THOMAS DE CELANO, *Vita prima de saint François*, XXIX, 81 : FF, p. 460.
20. *Legenda maior*, VIII, 6 : FF, p. 1145.

---

a. Nous sommes attachés par de multiples liens avec toutes les créatures. Mais ce ne sont pas des liens mécaniques, de dépendance. Certes ils font « système » et les abîmer n'est pas sans conséquences pour notre environnement. Mais ce sont des liens vivants, ceux que l'on peut avoir avec tout ce qui constitue notre « maison ». Ils expriment un sentiment d'union intime (91).

l'austérité de saint François n'étaient pas un ascétisme purement extérieur, mais quelque chose de plus radical : un renoncement à transformer la réalité en pur objet d'usage et de domination.

12. D'autre part, saint François, fidèle à l'Écriture, nous propose de reconnaître la nature comme un splendide livre* dans lequel Dieu nous parle et nous révèle quelque chose de sa beauté et de sa bonté : « La grandeur et la beauté des créatures font contempler, par analogie, leur Auteur » (Sg 13, 5), et « ce que Dieu a d'invisible depuis la création du monde, se laisse voir à l'intelligence à travers ses œuvres, son éternelle puissance et sa divinité » (Rm 1, 20). C'est pourquoi il demandait qu'au couvent on laisse toujours une partie du jardin sans la cultiver, pour qu'y croissent les herbes sauvages, de sorte que ceux qui les admirent puissent élever leur pensée vers Dieu, auteur de tant de beauté[21]. Le monde est plus qu'un problème à résoudre, il est un mystère joyeux que nous contemplons dans la joie et dans la louange.

Mon appel

13. Le défi urgent de sauvegarder notre maison commune* inclut la préoccupation d'unir toute la famille humaine dans la recherche d'un développement durable[a] et intégral, car nous

21. Cf. Thomas de Celano, *Vita secunda de saint François*, CXXIV, 165 : FF, p. 750.

a. À côté de l'adjectif « intégral », qu'il emploie habituellement dans *Laudato si'*, François reprend ici le terme consacré de « durable ». Le passage d'une simple recherche de la croissance, quantitative, à la référence au développement durable (un mieux-être humain compatible avec la viabilité à long terme de notre écosystème) est la condition de l'effectivité des droits de tout homme. Que seraient-ils dans un monde invivable ? Prendre au sérieux le développement durable, c'est se donner d'autres indicateurs de croissance* que le seul PIB, c'est prendre en compte l'avenir de tous les « biens communs* ».

savons que les choses peuvent changer. Le Créateur ne nous abandonne pas, jamais il ne fait marche arrière dans son projet d'amour, il ne se repent pas de nous avoir créés. L'humanité possède encore la capacité de collaborer pour construire notre maison commune*. Je souhaite saluer, encourager et remercier tous ceux qui, dans les secteurs les plus variés de l'activité humaine, travaillent pour assurer la sauvegarde de la maison que nous partageons. Ceux qui luttent avec vigueur pour affronter les conséquences dramatiques de la dégradation de l'environnement sur la vie des plus pauvres* dans le monde, méritent une gratitude spéciale. Les jeunes nous réclament un changement. Ils se demandent comment il est possible de prétendre construire un avenir meilleur sans penser à la crise de l'environnement et aux souffrances des exclus.

14. J'adresse une invitation urgente à un nouveau dialogue* sur la façon dont nous construisons l'avenir de la planète. Nous avons besoin d'une conversion* qui nous unisse tous, parce que le défi environnemental que nous vivons, et ses racines humaines, nous concernent et nous touchent tous. Le mouvement écologique mondial a déjà parcouru un long chemin, digne d'appréciation, et il a généré de nombreuses associations citoyennes qui ont aidé à la prise de conscience. Malheureusement, beaucoup d'efforts pour chercher des solutions concrètes à la crise environnementale échouent souvent, non seulement à cause de l'opposition des puissants, mais aussi par manque d'intérêt de la part des autres. Les attitudes qui obstruent les chemins de solutions, même parmi les croyants, vont de la négation du problème jusqu'à l'indifférence, la résignation facile, ou la confiance aveugle dans les solutions techniques. Il nous faut une nouvelle solidarité universelle. Comme l'ont affirmé les évêques d'Afrique du Sud, « les talents et l'implication *de tous* sont nécessaires pour réparer les dommages causés par les abus humains à l'encontre de la création de Dieu[22] ». Tous, nous pouvons collaborer comme instruments de Dieu pour la sauvegarde de la création, chacun selon sa culture, son expérience, ses initiatives et ses capacités.

15. J'espère que cette lettre encyclique, qui s'ajoute au Magistère social[a] de l'Église, nous aidera à reconnaître la grandeur, l'urgence et la beauté du défi qui se présente à nous. En premier lieu, je présenterai un bref aperçu des différents aspects de la crise écologique actuelle, en vue de prendre en considération les meilleurs résultats de la recherche scientifique disponible aujourd'hui, d'en faire voir la profondeur et de donner une base concrète au parcours éthique et spirituel qui suit. À partir de cet aperçu, je reprendrai certaines raisons qui se dégagent de la tradition judéo-chrétienne, afin de donner plus de cohérence à notre engagement en faveur de l'environnement. Ensuite, j'essaierai d'arriver aux racines de la situation actuelle, pour que nous ne considérions pas seulement les symptômes, mais aussi les causes les plus profondes. Nous pourrons ainsi proposer une écologie qui, dans ses différentes dimensions, incorpore la place spécifique de l'être humain dans ce monde et ses relations* avec la réalité qui l'entoure. À la lumière de cette réflexion, je voudrais avancer quelques grandes lignes de dialogue* et d'action qui concernent aussi bien chacun de nous que la politique internationale. Enfin, puisque je suis convaincu que tout chan-

22. Conférence des évêques catholiques d'Afrique du Sud, *Pastoral Statement on the Environmental Crisis* (5 septembre 1999).

---

a. La doctrine sociale de l'Église, rassemblée dans les encycliques sociales et des textes conciliaires, depuis *Rerum novarum* de Léon XIII (1891) jusqu'à *Caritas in veritate* (Benoît XVI, 2009), est le fruit de la rencontre du message évangélique avec les problèmes émanant de la vie en société. François y inscrit, pour la première fois aussi longuement, un appel à une conversion écologique, qui inclut naturellement une conversion* culturelle et sociale.

gement a besoin de motivations et d'un chemin éducatif, je proposerai quelques lignes de maturation humaine inspirées par le trésor de l'expérience spirituelle chrétienne.

16. Bien que chaque chapitre possède sa propre thématique et une méthodologie spécifique, il reprend à son tour, à partir d'une nouvelle optique, des questions importantes abordées dans les chapitres antérieurs. C'est le cas spécialement de certains axes qui traversent toute l'encyclique. Par exemple : l'intime relation entre les pauvres* et la fragilité* de la planète ; la conviction que tout est lié dans le monde ; la critique du nouveau paradigme et des formes de pouvoir qui dérivent de la technologie ; l'invitation à chercher d'autres façons de comprendre l'économie et le progrès ; la valeur propre* de chaque créature ; le sens humain de l'écologie ; la nécessité de débats sincères et honnêtes ; la grave responsabilité de la politique internationale et locale ; la culture du déchet et la proposition d'un nouveau style de vie. Ces thèmes ne sont jamais clos, ni ne sont laissés de côté, mais ils sont constamment repris et enrichis.

PREMIER CHAPITRE

CE QUI SE PASSE DANS NOTRE MAISON

UN ÉVÉNEMENT DONT NUL NE PEUT S'ABSTRAIRE

Le premier chapitre se présente d'abord comme un diagnostic portant sur quelques questions urgentes (20-42), avant de relever les effets et les réactions qu'elles suscitent (43-59) ; il se termine par un appel à la discussion sur ces questions encore controversées (60-61). L'objectif et la méthode à l'œuvre dans ce chapitre méritent d'être relevés : « Un bref aperçu de la crise écologique actuelle en vue de prendre en considération les meilleurs résultats de la recherche scientifique disponibles aujourd'hui, d'en faire voir la profondeur et de donner ainsi une base concrète au parcours éthique et spirituel qui suit» (15). L'apport de la recherche scientifique représente ainsi le premier temps d'un travail de discernement.

« Ce qui se passe dans notre maison » : le titre même révèle un mode d'approche original. Ce qui est ici examiné ne correspond pas seulement à un ensemble de problèmes devant lesquels l'humanité se trouverait aujourd'hui, problèmes qui supposeraient l'élaboration de solutions. La pointe du chapitre porte sur une dimension plus profonde : le fait que l'ensemble des enjeux pour l'humanité mis au jour par la recherche scientifique constitue pour elle un événement de son histoire. « Ce qui se passe dans notre maison » met en avant la dimension existentielle d'un événement dont nul ne peut s'abstraire, car il atteint notre lieu d'habitation partagé et révèle la possibilité d'un point de rupture (61).

Le texte souligne trois caractéristiques essentielles de cet événement : son caractère inédit (17), sa dimension systémique, et son extension planétaire. Ces trois caractéristiques de l'événement imposent une conversion de notre mode habituel d'appréhension. Ce qui a commencé d'advenir depuis plusieurs décennies sur notre globe (et que la recherche scientifique permet de mieux comprendre), ce qui se poursuit aujourd'hui et risque de s'amplifier demain, requiert un vrai travail de conversion dans nos modes de penser et d'agir, comme premier temps d'un travail de discernement à venir qui sera développé dans les chapitres suivants.

Les dimensions systémique et planétaire sont largement abordées à propos de plusieurs enjeux : « Pollution et climat » (20-26), « Eau » (27-31), « Biodiversité » (32-42). Prenant appui sur les résultats bien établis concernant la gestion des déchets, le climat, la biodiversité, l'accès à l'eau, le texte souligne en chaque cas les effets néfastes de ces situations sur les populations les plus exposées et les plus faibles, l'écart entre la situation actuelle et ce qui serait souhaitable, la réalité des efforts déjà entrepris ainsi que la difficulté à les amplifier. La deuxième partie examine les conséquences économiques, sociales et politiques de cet événement, dont certaines sont déjà perceptibles : « Qualité de vie » (43-47) et « Inégalités planétaires » (48-52).

Souci d'intégration et espérance lucide sont deux convictions essentielles qui étayent l'ensemble de ce diagnostic. Souci d'intégration, car l'enjeu de la crise actuelle ne se limite pas à une question écologique déliée des conditions d'existence d'une humanité inégalement touchée et parfois profondément fragilisée. Espérance lucide, car la tonalité générale n'est jamais alarmiste : la question écologique ne peut ni être conservée « sous le tapis » ni conduire à baisser les bras ; elle doit désormais être prise au sérieux et conduire à reconsidérer en profondeur notre réponse.

Jean-Bernard Baudin
et Bertrand Hériard Dubreuil

17. Les réflexions théologiques ou philosophiques sur la situation de l'humanité et du monde peuvent paraître un message répétitif et abstrait, si elles ne se présentent pas de nouveau à partir d'une confrontation avec le contexte actuel, en ce qu'il a d'inédit pour l'histoire de l'humanité. Voilà pourquoi avant de voir comment la foi apporte de nouvelles motivations et de nouvelles exigences face au monde dont nous faisons partie, je propose de nous arrêter brièvement pour considérer ce qui se passe dans notre maison commune*.

18. L'accélération continuelle des changements de l'humanité et de la planète s'associe aujourd'hui à l'intensification des rythmes de vie et de travail*, dans ce que certains appellent «*rapidación*[a]». Bien que le changement fasse partie de la dynamique des systèmes complexes, la rapidité que les actions humaines lui imposent aujourd'hui contraste avec la lenteur naturelle de l'évolution biologique. À cela, s'ajoute le fait que les objectifs de ce changement rapide et constant ne sont pas nécessairement orientés vers le bien commun*, ni vers le développement humain, durable et intégral*. Le changement est quelque chose de désirable, mais il devient préoccupant quand il en vient à détériorer le monde et la qualité de vie d'une grande partie de l'humanité.

---

a. Ce terme espagnol désigne l'accélération croissante des rythmes de vie. Voir par exemple : Hartmut Rosa, *Aliénation et accélération. Vers une théorie critique de la modernité tardive,* La Découverte, Paris, 2012.

19. Après un temps de confiance irrationnelle dans le progrès et dans la capacité humaine, une partie de la société est en train d'entrer dans une phase de plus grande prise de conscience. On observe une sensibilité croissante concernant aussi bien l'environnement que la protection de la nature, tout comme une sincère et douloureuse préoccupation grandit pour ce qui arrive à notre planète. Faisons un tour, certainement incomplet, de ces questions qui aujourd'hui suscitent notre inquiétude, et que nous ne pouvons plus mettre sous le tapis. L'objectif n'est pas de recueillir des informations ni de satisfaire notre curiosité, mais de prendre une douloureuse conscience, d'oser transformer en souffrance personnelle ce qui se passe dans le monde, et ainsi de reconnaître la contribution que chacun peut apporter.

I. Pollution et changement climatique

Pollution, ordure et culture du déchet[a]

20. Il existe des formes de pollution qui affectent quotidiennement les personnes. L'exposition aux polluants atmosphériques produit une large gamme d'effets sur la santé, en particulier des plus pauvres*, en provoquant des millions de morts prématurées. Ces personnes tombent malades, par

---

a. La dénonciation est fréquente dans les interventions du pape d'une «culture de déchets», corollaire d'une culture de consommation : friches, dépotoirs, océans devenus des poubelles. Nous gaspillons et nous jetons sans nous poser de questions tout ce qui n'est plus considéré comme «utile». Et nous excluons même finalement jusqu'aux hommes jugés inutiles (on pense par exemple aux migrants qui se noient dans nos mers). «Avec l'exclusion reste touchée, dans sa racine même, l'appartenance à la société dans laquelle on vit, du moment qu'en elle on ne se situe plus dans les bas-fonds, dans la périphérie, ou sans pouvoir, mais on est dehors. Les exclus ne sont pas des "exploités", mais des déchets, "des restes"» (EG53).

exemple, à cause de l'inhalation de niveaux élevés de fumées provenant de la combustion qu'elles utilisent pour faire la cuisine ou pour se chauffer. À cela s'ajoute la pollution qui affecte tout le monde, due aux moyens de transport, aux fumées de l'industrie, aux dépôts de substances qui contribuent à l'acidification du sol et de l'eau, aux fertilisants, insecticides, fongicides, désherbants et agro-chimiques toxiques en général. La technologie, liée aux secteurs financiers*, qui prétend être l'unique solution aux problèmes, de fait, est ordinairement incapable de voir le mystère des multiples relations* qui existent entre les choses, et par conséquent résout parfois un problème en en créant un autre.

21. Il faut considérer également la pollution produite par les déchets, y compris les ordures dangereuses présentes dans différents milieux. Des centaines de millions de tonnes de déchets sont produites chaque année, dont beaucoup ne sont pas biodégradables : des déchets domestiques et commerciaux, des déchets de démolition, des déchets cliniques, électroniques et industriels, des déchets hautement toxiques et radioactifs. La terre, notre maison commune*, semble se transformer toujours davantage en un immense dépotoir. À plusieurs endroits de la planète, les personnes âgées ont la nostalgie des paysages d'autrefois, qui aujourd'hui se voient inondés d'ordures. Aussi bien les déchets industriels que les produits chimiques utilisés dans les villes* et dans l'agriculture peuvent provoquer un effet de bio-accumulation dans les organismes des populations voisines, ce qui arrive même quand le taux de présence d'un élément toxique en un lieu est bas. Bien des fois, on prend des mesures seulement quand des effets irréversibles pour la santé des personnes se sont déjà produits.

22. Ces problèmes sont intimement liés à la culture du déchet, qui affecte aussi bien les personnes exclues que les choses, vite transformées en ordures. Réalisons, par exemple, que la majeure partie du papier qui est produit, est gaspillée et n'est pas recyclée. Il nous coûte de reconnaître que le fonctionnement des écosystèmes naturels est exemplaire : les plantes synthétisent des substances qui alimentent les herbivores ; ceux-ci à leur tour alimentent les carnivores, qui fournissent d'importantes quantités de déchets organiques, lesquels donnent lieu à une nouvelle génération de végétaux. Par contre, le système industriel n'a pas développé, en fin de cycle de production et de consommation, la capacité d'absorber et de réutiliser déchets et ordures. On n'est pas encore arrivé à adopter un modèle circulaire de production[a] qui assure des ressources pour tous comme pour les générations futures*, et qui suppose de limiter au maximum l'utilisation des ressources non renouvelables, d'en modérer la consommation, de maximiser l'efficacité de leur exploitation, de les réutiliser et de les recycler. Aborder cette question serait une façon de contrecarrer la culture du déchet qui finit par affecter la planète entière, mais nous remarquons que les progrès dans ce sens sont encore très insuffisants.

Le climat comme bien commun

23. Le climat est un bien commun*, de tous et pour tous. Au niveau global, c'est un système complexe en relation avec beaucoup de conditions essentielles pour la vie humaine. Il existe un consensus scientifique très solide qui indique que nous sommes en présence d'un réchauffement préoccupant du système climatique. Au cours des dernières décennies, ce réchauffement a été accompagné de l'élévation constante du niveau de la mer, et il est en outre difficile de ne pas le mettre en relation avec l'augmentation d'événements météorologiques extrêmes, indépendamment du fait qu'on ne peut pas attribuer

a. L'économie circulaire repose sur la capacité de réutiliser des déchets. Notons que la Chine est aujourd'hui *leader* sur ce nouveau marché.

une cause scientifiquement déterminable à chaque phénomène particulier. L'humanité est appelée à prendre conscience de la nécessité de réaliser des changements de style de vie, de production et de consommation, pour combattre ce réchauffement ou, tout au moins, les causes humaines qui le provoquent ou l'accentuent. Il y a, certes, d'autres facteurs (comme le volcanisme, les variations de l'orbite et de l'axe de la terre, le cycle solaire), mais de nombreuses études scientifiques[a] signalent que la plus grande partie du réchauffement global des dernières décennies est due à la grande concentration de gaz à effet de serre (dioxyde de carbone, méthane, oxyde de nitrogène et autres) émis surtout à cause de l'activité humaine. En se concentrant dans l'atmosphère, ils empêchent la chaleur des rayons solaires réfléchis par la terre de se perdre dans l'espace. Cela est renforcé en particulier par le modèle de développement reposant sur l'utilisation intensive de combustibles fossiles[b], qui constitue le cœur du système énergétique mondial. Le fait de changer de plus en plus les utilisations du sol, principalement la déforestation pour l'agriculture, a aussi des impacts.

---

a. Le débat, parfois biaisé, engagé par les « climato-sceptiques » sur la responsabilité de l'homme dans la crise écologique risque d'encourager notre passivité. Le pape, tout en reconnaissant qu'il y a d'autres facteurs (le cycle solaire, par exemple), n'hésite pas à prendre position, saluant le sérieux des travaux des chercheurs. Voir les conclusions du 5e rapport du GIEC (Groupe international d'experts sur l'évolution du climat, fondé en 1988 auprès de l'ONU) : le réchauffement du système climatique est sans équivoque ; depuis le début du xxe siècle, l'atmosphère et l'océan se sont réchauffés, la couverture de neige et de glace a diminué, le niveau des mers s'est élevé et les concentrations des gaz à effet de serre ont augmenté ; l'océan a absorbé environ 30 % des émissions d'origine humaine du dioxyde de carbone, d'où une acidification de l'eau.

b. Selon l'Agence internationale de l'énergie, les énergies fossiles représentent encore plus de 80 % des énergies primaires consommées à l'échelle mondiale.

24. À son tour, le réchauffement a des effets sur le cycle du carbone[a]. Il crée un cercle vicieux qui aggrave encore plus la situation, affectera la disponibilité de ressources indispensables telles que l'eau potable, l'énergie ainsi que la production agricole des zones les plus chaudes, et provoquera l'extinction d'une partie de la biodiversité de la planète. La fonte des glaces polaires et de celles des plaines d'altitude menace d'une libération à haut risque de méthane ; et la décomposition de la matière organique congelée pourrait accentuer encore plus l'émanation de dioxyde de carbone. De même, la disparition de forêts tropicales aggrave la situation, puisqu'elles contribuent à tempérer le changement climatique. La pollution produite par le dioxyde de carbone augmente l'acidité des océans et compromet la chaîne alimentaire marine. Si la tendance actuelle continuait, ce siècle pourrait être témoin de changements climatiques inédits et d'une destruction sans précédent des écosystèmes, avec de graves conséquences pour nous tous. L'élévation du niveau de la mer, par exemple, peut créer des situations d'une extrême gravité si on tient compte du fait que le quart de la population mondiale[b] vit au bord de la mer ou très proche, et que la plupart des mégapoles sont situées en zones côtières.

25. Le changement climatique est un problème global aux graves répercussions environnementales, sociales, écono-

---

a. Le changement climatique affecte les processus liés au cycle du carbone en amplifiant l'accroissement du CO_2 atmosphérique. Le cumul des émissions de CO_2 détermine dans une large mesure la moyenne mondiale du réchauffement (5e rapport du GIEC).

b. « En 1990, environ 60 % de la population mondiale (3,6 milliards) vit à moins de 60 kilomètres du littoral. D'après le Programme des Nations unies pour l'environnement, cette proportion sera de 75 % (6,4 milliards) d'ici trente ans. Plus de 80 % de l'ensemble des ressources océaniques mondiales sont concentrées sur le plateau continental » (http://www.unesco.org/bpi/fre/98iyo/coastal.htm). Ces chiffres sont cependant discutés par les géographes. Le pape est donc prudent.

miques, distributives ainsi que politiques, et constitue l'un des principaux défis actuels pour l'humanité. Les pires conséquences retomberont probablement au cours des prochaines décennies sur les pays en développement. Beaucoup de pauvres* vivent dans des endroits particulièrement affectés par des phénomènes liés au réchauffement, et leurs moyens de subsistance dépendent fortement des réserves naturelles et des services de l'écosystème, comme l'agriculture, la pêche et les ressources forestières. Ils n'ont pas d'autres activités financières* ni d'autres ressources qui leur permettent de s'adapter aux impacts climatiques, ni de faire face à des situations catastrophiques, et ils ont peu d'accès aux services sociaux et à la protection. Par exemple, les changements du climat provoquent des migrations d'animaux et de végétaux qui ne peuvent pas toujours s'adapter, et cela affecte à leur tour les moyens de production des plus pauvres*, qui se voient aussi obligés d'émigrer avec une grande incertitude pour leur avenir et pour l'avenir de leurs enfants. L'augmentation du nombre de migrants fuyant la misère, accrue par la dégradation environnementale, est tragique ; ces migrants[a] ne sont pas reconnus comme réfugiés par les conventions internationales et ils portent le poids de leurs vies à la dérive, sans aucune protection légale. Malheureusement, il y a une indifférence générale face à ces tragédies qui se produisent en ce moment dans diverses parties du monde. Le manque de réactions face à ces drames de nos frères et sœurs est un signe de la perte de ce sens

a. Les migrants climatiques restent encore trop ignorés des instances internationales, même si des discussions sur leur statut ont été introduites par un rapport du PNUE de 1985. En 2014, près de 20 millions de personnes ont été déplacées à la suite de catastrophes dues aux perturbations climatiques. Certains territoires, en particulier dans les îles du Pacifique, sont directement affectés ; la montée des eaux se traduit par une salinité des sols, qui affecte le travail agricole et l'accès à une eau potable. Des habitants risquent de devenir des « sans-terre ».

de responsabilité à l'égard de nos semblables, sur lequel se fonde toute société civile.

26. Beaucoup de ceux qui détiennent plus de ressources et de pouvoir économique ou politique semblent surtout s'évertuer à masquer les problèmes ou à occulter les symptômes, en essayant seulement de réduire certains impacts négatifs du changement climatique. Mais beaucoup de symptômes indiquent que ces effets ne cesseront pas d'empirer si nous maintenons les modèles actuels de production et de consommation. Voilà pourquoi il devient urgent et impérieux de développer des politiques pour que, les prochaines années, l'émission du dioxyde de carbone et d'autres gaz hautement polluants soit réduite de façon drastique, par exemple en remplaçant l'utilisation de combustibles fossiles et en accroissant des sources d'énergie renouvelable[a]. Dans le monde, il y a un niveau d'accès réduit à des énergies propres et renouvelables. Il est encore nécessaire de développer des technologies adéquates d'accumulation. Cependant, dans certains pays, des progrès qui commencent à être significatifs ont été réalisés, bien qu'ils soient loin d'atteindre un niveau suffisant. Il y a eu aussi quelques investissements dans les moyens de production et de transport qui consomment moins d'énergie et requièrent moins de matière première, comme dans le domaine de la construction ou de la réfection d'édifices pour en améliorer l'efficacité énergétique. Mais ces bonnes pratiques sont loin de se généraliser.

---

a. Selon le dernier rapport du GIEC, la combustion des énergies fossiles et les processus industriels étaient responsables en 2010 de plus de 67 % des émissions de gaz à effet de serre.

II. La question de l'eau

27. D'autres indicateurs de la situation actuelle concernent l'épuisement des ressources naturelles. Nous sommes bien conscients de l'impossibilité de maintenir le niveau actuel de consommation des pays les plus développés et des secteurs les plus riches des sociétés, où l'habitude de dépenser et de jeter atteint des niveaux inédits. Déjà les limites* maximales d'exploitation de la planète ont été dépassées[a], sans que nous ayons résolu le problème de la pauvreté.

28. L'eau potable et pure représente une question de première importance, parce qu'elle est indispensable pour la vie humaine comme pour soutenir les écosystèmes terrestres et aquatiques. Les sources d'eau douce approvisionnent des secteurs sanitaires, agricoles et de la pêche ainsi qu'industriels. La provision d'eau est restée relativement constante pendant longtemps, mais en beaucoup d'endroits la demande dépasse l'offre durable, avec de graves conséquences à court et à long terme. De grandes villes* qui ont besoin d'une importante quantité d'eau en réserve, souffrent de périodes de diminution de cette ressource, qui n'est pas toujours gérée de façon équitable et impartiale aux moments critiques. Le manque d'eau courante s'enregistre spécialement en Afrique[b], où de grands secteurs de la population n'ont pas accès à une eau potable sûre, ou bien souffrent de sécheresses qui rendent difficile la production d'ali-

---

a. L'ONG américaine *Global Footprint Network* estime que, pour l'année 2014, c'est le 18 août qu'ont été consommées toutes les ressources renouvelables de la planète disponibles pour une année entière.

b. « La couverture pour l'eau potable en 2011 reste à 89 % [...]. En 2011, 768 millions de personnes utilisaient des points d'eau non améliorés. À la fin de 2011, 2,5 milliards de personnes n'avaient toujours pas accès à des installations d'assainissement améliorées » (rapport sur l'eau de l'Organisation mondiale de la santé, 2013).

ments. Dans certains pays, il y a des régions qui disposent de l'eau en abondance et en même temps d'autres qui souffrent de grave pénurie.

29. Un problème particulièrement sérieux est celui de la qualité de l'eau disponible pour les pauvres*, ce qui provoque beaucoup de morts tous les jours. Les maladies liées à l'eau sont fréquentes chez les pauvres*, y compris les maladies causées par les micro-organismes et par des substances chimiques. La diarrhée et le choléra, qui sont liés aux services hygiéniques et à l'approvisionnement en eau impropre à la consommation, sont un facteur significatif de souffrance et de mortalité infantile. Les eaux souterraines en beaucoup d'endroits sont menacées par la pollution que provoquent certaines activités extractives, agricoles et industrielles, surtout dans les pays où il n'y a pas de régulation ni de contrôles suffisants. Ne pensons pas seulement aux décharges des usines. Les détergents et les produits chimiques qu'utilise la population dans beaucoup d'endroits du monde continuent de se déverser dans des rivières, dans des lacs et dans des mers.

30. Tandis que la qualité de l'eau disponible se détériore constamment, il y a une tendance croissante, à certains endroits, à privatiser cette ressource limitée, transformée en marchandise sujette aux lois du marché. En réalité, *l'accès à l'eau potable et sûre est un droit humain primordial, fondamental et universel, parce qu'il détermine la survie des personnes, et par conséquent il est une condition pour l'exercice des autres droits humains.* Ce monde a une grave dette sociale* envers les pauvres* qui n'ont pas accès à l'eau potable, parce que *c'est leur nier le droit à la vie, enraciné dans leur dignité* inaliénable.* Cette dette se règle en partie par des apports économiques conséquents pour fournir l'eau potable et l'hygiène aux plus pauvres*. Mais on observe le gaspillage d'eau, non seulement dans les pays développés, mais aussi dans les pays les moins développés qui possèdent de grandes réserves.

Cela montre que le problème de l'eau est en partie une question éducative et culturelle, parce que la conscience de la gravité de ces conduites, dans un contexte de grande injustice, manque.

31. Une grande pénurie d'eau provoquera l'augmentation du coût des aliments comme celle du coût de différents produits qui dépendent de son utilisation. Certaines études ont alerté sur la possibilité de souffrir d'une pénurie aiguë d'eau dans quelques décennies, si on n'agit pas en urgence. Les impacts sur l'environnement pourraient affecter des milliers de millions de personnes, et il est prévisible que le contrôle de l'eau par de grandes entreprises mondiales deviendra l'une des principales sources de conflits de ce siècle[23].

III. La perte de biodiversité[a]

32. Les ressources de la terre sont aussi objet de déprédation à cause de la conception de l'économie ainsi que de l'activité commerciale et productive fondées sur l'immédiateté. La disparition de forêts et d'autres végétations implique en même temps la disparition d'espèces qui pourraient être à l'avenir des ressources extrêmement importantes, non seulement pour l'alimentation, mais aussi pour la guérison de maladies et pour de multiples services. Les diverses espèces contiennent des gènes qui peuvent être des ressources-clefs pour subvenir, à l'avenir, à certaines nécessités humaines ou pour réguler certains problèmes de l'environnement.

33. Mais il ne suffit pas de penser aux différentes espèces seulement comme à d'éventuelles « ressources » exploitables,

23. Cf. *Salut au personnel de la FAO* (20 novembre 2014) : AAS 106, 2014, p. 985.

a. Sur cette question, voir la synthèse de Bernard Chevassus-au-Louis, « Ça chauffe pour la biodiversité ! » dans *Revue Projet* 346.

en oubliant qu'elles ont une valeur* en elles-mêmes. Chaque année, disparaissent des milliers d'espèces végétales et animales que nous ne pourrons plus connaître, que nos enfants ne pourront pas voir, perdues pour toujours. L'immense majorité disparaît pour des raisons qui tiennent à une action humaine. À cause de nous, des milliers d'espèces ne rendront plus gloire à Dieu par leur existence et ne pourront plus nous communiquer leur propre message. Nous n'en avons pas le droit.

34. Probablement, cela nous inquiète d'avoir connaissance de l'extinction d'un mammifère ou d'un oiseau, à cause de leur visibilité plus grande. Mais, pour le bon fonctionnement des écosystèmes, les champignons, les algues, les vers, les insectes, les reptiles et l'innombrable variété de micro-organismes sont aussi nécessaires. Certaines espèces peu nombreuses, qui sont d'habitude imperceptibles, jouent un rôle fondamental pour établir l'équilibre d'un lieu. Certes, l'être humain doit intervenir quand un géo-système entre dans un état critique ; mais aujourd'hui le niveau d'intervention humaine, dans une réalité si complexe comme la nature, est tel que les constants désastres provoqués par l'être humain appellent une nouvelle intervention de sa part, si bien que l'activité humaine devient omniprésente, avec tous les risques que cela implique. Il se crée en général un cercle vicieux où l'intervention de l'être humain pour résoudre une difficulté, bien des fois, aggrave encore plus la situation. Par exemple, beaucoup d'oiseaux et d'insectes qui disparaissent à cause des agro-toxiques créés par la technologie, sont utiles à cette même agriculture et leur disparition devra être substituée par une autre intervention technologique qui produira probablement d'autres effets nocifs. Les efforts des scientifiques et des techniciens, qui essaient d'apporter des solutions aux problèmes créés par l'être humain, sont louables et parfois admirables. Mais en regardant le monde, nous remarquons que ce niveau d'intervention humaine, fréquemment au service des finances et du consumérisme, fait que la terre où nous vivons devient en réalité moins riche et moins belle, toujours plus limitée et plus grise, tandis qu'en même temps le développement de la technologie et des offres de consommation continue de progresser sans limite*. Il semble ainsi que nous prétendions substituer à une beauté, irremplaçable et irrécupérable, une autre créée par nous.

35. Quand on analyse l'impact environnemental d'une entreprise, on en considère ordinairement les effets sur le sol, sur l'eau et sur l'air, mais on n'inclut pas toujours une étude soignée de son impact sur la biodiversité, comme si la disparition de certaines espèces ou de groupes d'animaux ou de végétaux était quelque chose de peu d'importance. Les routes, les nouvelles cultures, les grillages, les barrages et d'autres constructions prennent progressivement possession des habitats, et parfois les fragmentent de telle manière que les populations d'animaux ne peuvent plus migrer ni se déplacer librement, si bien que certaines espèces sont menacées d'extinction. Il existe des alternatives qui peuvent au moins atténuer l'impact de ces ouvrages, comme la création de corridors biologiques, mais on observe cette attention et cette prévention en peu de pays. Quand on exploite commercialement certaines espèces, on n'étudie pas toujours leur forme de croissance pour éviter leur diminution excessive, avec le déséquilibre de l'écosystème qui en résulterait.

36. La sauvegarde des écosystèmes suppose un regard qui aille au-delà de l'immédiat, car lorsqu'on cherche seulement un rendement économique rapide et facile, leur préservation n'intéresse réellement personne. Mais le coût des dommages occasionnés par la négligence égoïste est beaucoup plus élevé que le bénéfice économique qui peut en être obtenu. Dans le cas de la disparition ou de graves dommages à certaines espèces, nous parlons de valeurs qui excèdent tout calcul. C'est pourquoi nous pouvons être des témoins muets de bien graves injustices, quand certains prétendent obtenir d'importants bénéfices en faisant payer au reste de l'humanité, présente et future, les coûts très élevés de la dégradation de l'environnement.

37. Quelques pays ont progressé dans la préservation efficace de certains lieux et de certaines zones — sur terre et dans les océans — où l'on interdit toute intervention humaine qui pourrait en modifier la physionomie ou en altérer la constitution originelle. Dans la préservation de la biodiversité, les spécialistes insistent sur la nécessité d'accorder une attention spéciale aux zones les plus riches en variétés d'espèces, aux espèces endémiques rares ou ayant un faible degré de protection effective. Certains endroits requièrent une protection particulière à cause de leur énorme importance pour l'écosystème mondial, ou parce qu'ils constituent d'importantes réserves d'eau et assurent ainsi d'autres formes de vie.

38. Mentionnons, par exemple, ces poumons de la planète pleins de biodiversité que sont l'Amazonie et le bassin du fleuve Congo, ou bien les grandes surfaces aquifères et les glaciers. On n'ignore pas l'importance de ces lieux pour toute la planète et pour l'avenir de l'humanité. Les écosystèmes des forêts tropicales ont une biodiversité d'une énorme complexité, presque impossible à répertorier intégralement, mais quand ces forêts sont brûlées ou rasées pour développer des cultures, d'innombrables espèces disparaissent en peu d'années, quand elles ne se transforment pas en déserts arides. Cependant, un équilibre délicat s'impose, quand on parle de ces endroits, parce qu'on ne peut pas non plus ignorer les énormes intérêts économiques internationaux qui, sous prétexte de les sauvegarder, peuvent porter atteinte aux souverainetés nationales. De fait, il existe « des propositions d'internationalisation de l'Amazonie, qui servent uniquement des intérêts économiques des corporations transnationales[24] ». Elle est louable la tâche des organismes internationaux et des organisations de la société civile qui sensibilisent les populations et coopèrent de façon critique, en utilisant aussi des mécanismes de pression légitimes, pour que chaque gouvernement accomplisse son propre et intransférable devoir de préserver l'environnement ainsi que les ressources naturelles de son pays, sans se vendre à des intérêts illégitimes locaux ou internationaux.

39. Le remplacement de la flore sauvage par des aires reboisées, qui généralement sont des monocultures, ne fait pas ordinairement l'objet d'une analyse adéquate. En effet, ce remplacement peut affecter gravement une biodiversité qui n'est pas hébergée par les nouvelles espèces qu'on implante. Les zones humides, qui sont transformées en terrain de culture, perdent aussi l'énorme biodiversité qu'elles accueillaient. Dans certaines zones côtières, la disparition des écosystèmes constitués par les mangroves[b] est préoccupante.

40. Les océans non seulement constituent la majeure partie de l'eau de la planète, mais aussi la majeure partie de la grande variété des êtres vivants, dont beaucoup nous sont encore inconnus et sont menacés par diverses causes. D'autre part, la vie dans les fleuves, les lacs, les mers et les océans, qui alimente une grande partie de la population mondiale, se voit affectée par l'extraction désordonnée des ressources de pêche, provoquant des diminutions drastiques de certaines espèces. Des formes sélectives de pêche, qui gaspillent une grande partie

24. Ve Conférence générale de l'épiscopat latino-américain et des Caraïbes, *Document d'Aparecida* (29 juin 2007), n° 86[a].

a. Ce document fait suite à ceux de Medellín (1968), Puebla (1979) et Saint-Domingue (1992).

b. Écosystèmes de marais maritimes tropicaux particulièrement menacés par le réchauffement climatique (voir UNEP/GRID, *Monitoring mangrove restoration from space*, Genève, 2013).

des espèces capturées, continuent encore de se développer. Les organismes marins que nous ne prenons pas en considération sont spécialement menacés, comme certaines formes de plancton qui constituent une composante très importante dans la chaîne alimentaire marine, et dont dépendent, en définitive, les espèces servant à notre subsistance.

41. En pénétrant dans les mers tropicales et subtropicales, nous trouvons les barrières de corail, qui équivalent aux grandes forêts de la terre, parce qu'elles hébergent approximativement un million d'espèces, incluant des poissons, des crabes, des mollusques, des éponges, des algues, et autres. Déjà, beaucoup de barrières de corail dans le monde sont aujourd'hui stériles ou déclinent continuellement : « Qui a transformé le merveilleux monde marin en cimetières sous-marins dépourvus de vie et de couleurs[25] ? » Ce phénomène est dû en grande partie à la pollution qui atteint la mer, résultat de la déforestation, des monocultures agricoles, des déchets industriels et des méthodes destructives de pêche, spécialement celles qui utilisent le cyanure et la dynamite. Il s'aggrave à cause de l'élévation de la température des océans. Tout cela nous aide à réaliser comment n'importe quelle action sur la nature peut avoir des conséquences que nous ne soupçonnons pas à première vue, et que certaines formes d'exploitation de ressources se font au prix d'une dégradation qui finalement atteint *même le fond des océans*.

42. Il est nécessaire d'investir beaucoup plus dans la recherche pour mieux comprendre le comportement des écosystèmes et analyser adéquatement les divers paramètres de l'impact de toute modification importante de l'environnement. En effet, toutes les créatures sont liées, chacune doit être valorisée avec affection et admiration, et tous en tant qu'êtres, nous avons besoin les uns des autres. Chaque territoire a une respon-

25. Conférence des Évêques catholiques des Philippines, lettre pastorale *What is Happening to our Beautiful Land ?* (29 janvier 1988).

sabilité dans la sauvegarde de cette famille et devrait donc faire un inventaire détaillé des espèces qu'il héberge, afin de développer des programmes et des stratégies de protection, en préservant avec un soin particulier les espèces en voie d'extinction.

IV. Détérioration de la qualité de la vie humaine et dégradation sociale

43. Si nous tenons compte du fait que l'être humain est aussi une créature de ce monde, qui a le droit de vivre et d'être heureux, et qui de plus a une dignité éminente*, nous ne pouvons pas ne pas prendre en considération les effets de la dégradation de l'environnement, du modèle actuel de développement et de la culture du déchet, sur la vie des personnes.

44. Aujourd'hui nous observons, par exemple, la croissance* démesurée et désordonnée de beaucoup de villes*[a] qui sont devenues insalubres pour y vivre, non seulement du fait de la pollution causée par les émissions toxiques, mais aussi à cause du chaos urbain, des problèmes de transport, et de la pollution visuelle ainsi que sonore. Beaucoup de villes* sont de grandes structures inefficaces qui consomment énergie et eau en excès. Certains quartiers, bien que récemment construits, sont congestionnés et désordonnés, sans espaces verts suffisants. Les habitants de cette planète ne sont pas faits pour vivre en étant toujours plus envahis par le ciment, l'asphalte, le verre et les métaux, privés du contact physique avec la nature.

45. À certains endroits, en campagne comme en ville, la privatisation des espaces a rendu difficile l'accès des citoyens à des zones particulièrement belles. À d'autres endroits, on crée des urbanisations « écologiques » seulement au service de

a. La direction de la population de l'ONU estime que 54 % de la population mondiale vivait en ville en 2014.

quelques-uns, en évitant que les autres entrent pour perturber une tranquillité artificielle. Une ville belle et pleine d'espaces verts bien protégés se trouve ordinairement dans certaines zones « sûres », mais beaucoup moins dans des zones peu visibles, où vivent les marginalisés de la société.

46. Parmi les composantes sociales du changement global figurent les effets de certaines innovations technologiques sur le travail*, l'exclusion sociale, l'inégalité dans la disponibilité et la consommation d'énergie et d'autres services, la fragmentation sociale, l'augmentation de la violence et l'émergence de nouvelles formes d'agressivité sociale, le narcotrafic et la consommation croissante de drogues chez les plus jeunes[a], la perte d'identité. Ce sont des signes, parmi d'autres, qui montrent que la croissance* de ces deux derniers siècles n'a pas signifié sous tous ses aspects un vrai progrès intégral* ni une amélioration de la qualité de vie. Certains de ces signes sont en même temps des symptômes d'une vraie dégradation sociale, d'une rupture silencieuse des liens d'intégration et de communion sociale.

47. À cela s'ajoutent les dynamiques des moyens de communication sociale et du monde digital, qui, en devenant omniprésentes, ne favorisent pas le développement d'une capacité de vivre avec sagesse, de penser en profondeur, d'aimer avec générosité. Les grands sages du passé, dans ce contexte, auraient couru le risque de voir s'éteindre leur sagesse au milieu du bruit de l'information qui devient divertissement[b]. Cela exige de

a. Selon le rapport de l'ONU sur les drogues, en 2009, entre 2,8 % et 4,5 % de la population mondiale âgée de 15 à 64 ans (entre 125 millions et 203 millions de personnes) ont consommé du cannabis au moins une fois au cours des 12 mois précédents.

b. Outre le mot « divertissement », à résonance pascalienne, François emploie à plusieurs reprises celui de « distraction ». Ici, c'est le bruit de l'information qui fait écran et nous dispense d'une compréhension personnelle. Plus loin, c'est le mythe de la croissance* qui est vu comme un moyen de distraction. Le *marketing*, l'image de l'entreprise obturent la véritable

nous un effort pour que ces moyens de communication se traduisent par un nouveau développement culturel de l'humanité, et non par une détérioration de sa richesse la plus profonde. La vraie sagesse, fruit de la réflexion, du dialogue* et de la rencontre généreuse entre les personnes, ne s'obtient pas par une pure accumulation de données qui finissent par saturer et obnubiler, comme une espèce de pollution mentale. En même temps, les relations* réelles avec les autres tendent à être substituées, avec tous les défis que cela implique, par un type de communication transitant par Internet. Cela permet de sélectionner ou d'éliminer les relations* selon notre libre arbitre, et il naît ainsi un nouveau type d'émotions artificielles, qui ont plus à voir avec des dispositifs et des écrans qu'avec les personnes et la nature. Les moyens actuels nous permettent de communiquer et de partager des connaissances et des sentiments. Cependant, ils nous empêchent aussi parfois d'entrer en contact direct avec la détresse, l'inquiétude, la joie de l'autre et avec la complexité de son expérience personnelle. C'est pourquoi nous ne devrions pas nous étonner qu'avec l'offre écrasante de ces produits se développe une profonde et mélancolique insatisfaction dans les relations* interpersonnelles, ou un isolement dommageable.

V. Inégalité planétaire

48. L'environnement humain et l'environnement naturel se dégradent ensemble, et nous ne pourrons pas affronter adéquatement la dégradation de l'environnement si nous ne prêtons pas attention aux causes qui sont en rapport avec la dégradation humaine et sociale. De fait, la détérioration de l'environnement et celle de la société affectent d'une manière spé-

---

responsabilité sociale et entrepreneuriale (194). De même, le règne de la consommation «distrait le cœur» (222).

ciale les plus faibles de la planète : « Tant l'expérience commune de la vie ordinaire que l'investigation scientifique démontrent que ce sont les pauvres* qui souffrent davantage des plus graves effets de toutes les agressions environnementales[26]. » Par exemple, l'épuisement des réserves de poissons nuit spécialement à ceux qui vivent de la pêche artisanale et n'ont pas les moyens de la remplacer ; la pollution de l'eau touche particulièrement les plus pauvres* qui n'ont pas la possibilité d'acheter de l'eau en bouteille, et l'élévation du niveau de la mer affecte principalement les populations côtières appauvries qui n'ont pas où se déplacer. L'impact des dérèglements actuels se manifeste aussi à travers la mort prématurée de beaucoup de pauvres*, dans les conflits générés par manque de ressources et à travers beaucoup d'autres problèmes qui n'ont pas assez d'espace dans les agendas du monde[27].

49. Je voudrais faire remarquer que souvent on n'a pas une conscience claire des problèmes qui affectent particulièrement les exclus. Ils sont la majeure partie de la planète, des milliers de millions de personnes. Aujourd'hui, ils sont présents dans les débats politiques et économiques internationaux, mais il semble souvent que leurs problèmes se posent comme un appendice, comme une question qui s'ajoute presque par obligation ou de manière marginale, quand on ne les considère

26. Conférence épiscopale bolivienne, lettre pastorale sur l'environnement et le développement humain en Bolivie, *El universo, don de Dios para la vida* (2012), n° 17[a].

27. Cf. Conférence épiscopale allemande, Commission pour les affaires sociales, *Der Klimawandel: Brennpunkt globaler, intergenerationeller und ökologischer Gerechtigkeit* (septembre 2006), n°s 28-30.

a. Pour une synthèse de la recherche scientifique dont parle cette lettre, voir Joan Martínez Alier, *L'écologisme des pauvres. Une étude des conflits environnementaux dans le monde*, Les Petits Matins/Institut Veblen, Paris, 2014.

pas comme un pur dommage collatéral. De fait, au moment de l'action concrète, ils sont relégués fréquemment à la dernière place. Cela est dû en partie au fait que beaucoup de professionnels, de *leaders* d'opinion, de moyens de communication et de centres de pouvoir sont situés loin d'eux, dans des zones urbaines isolées, sans contact direct avec les problèmes des exclus. Ceux-là vivent et réfléchissent à partir de la commodité d'un niveau de développement et à partir d'une qualité de vie qui ne sont pas à la portée de la majorité de la population mondiale. Ce manque de contact physique et de rencontre, parfois favorisé par la désintégration de nos villes*, aide à tranquilliser la conscience et à occulter une partie de la réalité par des analyses biaisées. Ceci cohabite parfois avec un discours « vert ». Mais aujourd'hui, nous ne pouvons pas nous empêcher de reconnaître qu'*une vraie approche écologique se transforme toujours en une approche sociale*, qui doit intégrer la justice dans les discussions sur l'environnement, pour écouter *tant la clameur de la terre que la clameur des pauvres**.

50. Au lieu de résoudre les problèmes des pauvres* et de penser à un monde différent, certains se contentent seulement de proposer une réduction de la natalité[a]. Les pressions internationales sur les pays en développement ne manquent pas, conditionnant des aides économiques à certaines politiques de « santé reproductive ». Mais « s'il est vrai que la répartition inégale de la population et des ressources disponibles crée des obstacles au développement et à l'utilisation durable de

a. Trop d'habitants dans les pays en développement pèseraient sur nos modes de vie, face à des ressources limitées ! Le pape s'inscrit en faux contre l'idée que l'accroissement de la population mondiale (9 milliards peut-être en 2050) serait incompatible avec la sauvegarde de la planète. Le choix de certains organismes internationaux de peser sur la démographie, en dictant leur conduite à des populations, n'est-il pas aussi une manière de préserver notre consommation ? C'est à chaque communauté, en fonction de sa culture, d'être responsable de l'avenir d'un bien commun familial et collectif.

l'environnement, il faut reconnaître que la croissance démographique est pleinement compatible avec un développement intégral* et solidaire[28] ». Accuser l'augmentation de la population et non le consumérisme extrême et sélectif de certains est une façon de ne pas affronter les problèmes. On prétend légitimer ainsi le modèle de distribution actuel où une minorité se croit le droit de consommer dans une proportion qu'il serait impossible de généraliser, parce que la planète ne pourrait même pas contenir les déchets d'une telle consommation. En outre, nous savons qu'on gaspille approximativement un tiers des aliments qui sont produits, et « que lorsque l'on jette de la nourriture, c'est comme si l'on volait la nourriture à la table du pauvre[29] ». De toute façon, il est certain qu'il faut prêter attention au déséquilibre de la distribution de la population sur le territoire, tant au niveau national qu'au niveau global, parce que l'augmentation de la consommation conduirait à des situations régionales complexes, à cause des combinaisons de problèmes liés à la pollution environnementale, au transport, au traitement des déchets, à la perte de ressources et à la qualité de vie, entre autres.

51. L'inégalité n'affecte pas seulement les individus, mais aussi des pays entiers, et oblige à penser à une éthique des relations internationales. Il y a, en effet, une vraie « dette écologique* », particulièrement entre le Nord et le Sud, liée à des déséquilibres commerciaux, avec des conséquences dans le domaine écologique, et liée aussi à l'utilisation disproportionnée des ressources naturelles, historiquement pratiquée par certains pays. Les exportations de diverses matières premières pour satisfaire les marchés du Nord industrialisé ont causé des

28. Conseil pontifical Justice et Paix, *Compendium de la Doctrine sociale de l'Église*, n° 483.

29. *Catéchèse* (5 juin 2013) : *Insegnamenti* 1/1, 2013, p. 280 ; OR (5 juin 2013), n° 23, p. 3.

dommages locaux, comme la pollution par le mercure dans l'exploitation de l'or ou par le dioxyde de souffre dans l'exploitation du cuivre. Il faut spécialement tenir compte de l'utilisation de l'espace environnemental de toute la planète, quand il s'agit de stocker les déchets gazeux qui se sont accumulés durant deux siècles et ont généré une situation qui affecte actuellement tous les pays du monde. Le réchauffement causé par l'énorme consommation de certains pays riches a des répercussions sur les régions les plus pauvres* de la terre, spécialement en Afrique, où l'augmentation de la température jointe à la sécheresse fait des ravages au détriment du rendement des cultures. À cela s'ajoutent les dégâts causés par l'exportation vers les pays en développement des déchets solides ainsi que de liquides toxiques, et par l'activité polluante d'entreprises qui s'autorisent dans les pays moins développés ce qu'elles ne peuvent dans les pays qui leur apportent le capital : « Nous constatons que souvent les entreprises qui agissent ainsi sont des multinationales, qui font ici ce qu'on ne leur permet pas dans des pays développés ou du dénommé premier monde. Généralement, en cessant leurs activités et en se retirant, elles laissent de grands passifs humains et environnementaux tels que le chômage, des populations sans vie, l'épuisement de certaines réserves naturelles, la déforestation, l'appauvrissement de l'agriculture et de l'élevage local, des cratères, des coteaux triturés, des fleuves contaminés et quelques œuvres sociales qu'on ne peut plus maintenir[30]. »

30. Évêques de la région de Patagonie-Comahue (Argentine), *Mensaje de Navidad* (décembre 2009), n° 2ª.

D'autres ONG catholiques dénoncent les abus des multinationales. Voir par exemple le document publié conjointement par le CCFD, le CERAS, le Secours catholique et Justice et Paix, au printemps 2015 : « L'économie au service de l'humanité. Au nom de leur foi, des chrétiens s'engagent pour un meilleur encadrement des multinationales ».

52. La dette extérieure des pays pauvres s'est transformée en un instrument de contrôle, mais il n'en est pas de même avec la dette écologique*. De diverses manières, les peuples en développement, où se trouvent les plus importantes réserves de la biosphère, continuent d'alimenter le développement des pays les plus riches au prix de leur présent et de leur avenir. La terre des pauvres* du Sud est riche et peu polluée, mais l'accès à la propriété des biens et aux ressources pour satisfaire les besoins vitaux leur est interdit par un système de relations commerciales et de propriété structurellement pervers. Il faut que les pays développés contribuent à solder cette dette, en limitant de manière significative la consommation de l'énergie non renouvelable[a] et en apportant des ressources aux pays qui ont le plus de besoins, pour soutenir des politiques et des programmes de développement durable. Les régions et les pays les plus pauvres ont moins de possibilités pour adopter de nouveaux modèles en vue de réduire l'impact des activités de l'homme sur l'environnement, parce qu'ils n'ont pas la formation pour développer les processus nécessaires, et ils ne peuvent pas en assumer les coûts. C'est pourquoi il faut maintenir claire la conscience que, dans le changement climatique, il y a des *responsabilités diversifiées*[b] et, comme l'ont exprimé les évêques des États-Unis, on

---

a. De nombreux chrétiens militent déjà pour le désinvestissement des énergies fossiles. « La campagne pour le désinvestissement des énergies fossiles, lancée aux États-Unis par un méthodiste, Bill McKibben, a déjà convaincu un certain nombre d'universités américaines, plusieurs collectivités (la ville de San Francisco, la ville de Pans), des organisations confessionnelles (le Conseil œcuménique des Églises), des fonds d'investissement (Rockefeller Fund), des médias (*The Guardian*) » (Jean Merckaert *et al.*, *La Croix*, 16 juin 2015).

b. L'expression renvoie aux négociations climatiques qui butent sur la répartition entre les États de la prise en charge des coûts environnementaux (cf. 170). La réduction des émissions de gaz polluants concerne toutes les régions de la terre. Selon quelles proportions et à quel rythme la réaliser ? Le faire de façon uniforme pénaliserait les pays qui manquent de res-

doit se concentrer « spécialement sur les besoins des pauvres*, des faibles et des vulnérables, dans un débat souvent dominé par les intérêts les plus puissants[31] ». Nous avons besoin de renforcer la conscience que nous sommes une seule famille humaine. Il n'y a pas de frontières ni de barrières politiques ou sociales qui nous permettent de nous isoler, et pour cela même il n'y a pas non plus de place pour la globalisation de l'indifférence.

VI. La faiblesse des réactions

53. Ces situations provoquent les gémissements de sœur terre, qui se joignent au gémissement des abandonnés du monde, dans une clameur exigeant de nous une autre direction. Nous n'avons jamais autant maltraité ni fait de mal à notre maison commune* qu'en ces deux derniers siècles. Mais nous sommes appelés à être les instruments de Dieu le Père pour que notre planète soit ce qu'il a rêvé en la créant, et pour qu'elle réponde à son projet de paix, de beauté et de plénitude. Le problème est que nous n'avons pas encore la culture nécessaire pour faire face à cette crise; et il faut construire des *leaderships* qui tracent des chemins, en cherchant à répondre aux besoins des

31. Conférence des évêques catholiques des États-Unis d'Amérique, *Global Climate Change: A Plea for Dialogue*, Prudence and the Common Good* (15 juin 2001).

sources. Ainsi, un pays en développement, aux moyens financiers réduits, ne pourrait pas mener à bien son industrialisation, pourtant légitime, en raison des coûts d'investissement élevés. Pour être équitables, les pourparlers internationaux suivent le principe des « responsabilités communes et différenciées » : les parties doivent agir « sur la base de l'équité et en fonction de leurs responsabilités communes mais différenciées et de leurs capacités respectives ». L'article 3, 1 du Protocole de Kyoto, en 1997, sera déterminant pour le succès de la conférence de Paris. Voir par exemple Martin Kopp, dans *Revue Projet* 342.

générations actuelles comme en incluant tout le monde, sans nuire aux générations futures*. Il devient indispensable de créer un système normatif qui implique des limites* infranchissables et assure la protection des écosystèmes, avant que les nouvelles formes de pouvoir dérivées du paradigme techno-économique ne finissent par raser non seulement la politique mais aussi la liberté et la justice.

54. La faiblesse de la réaction politique internationale est frappante. La soumission de la politique à la technologie et aux finances se révèle dans l'échec des Sommets mondiaux* sur l'environnement. Il y a trop d'intérêts particuliers, et très facilement l'intérêt économique arrive à prévaloir sur le bien commun* et à manipuler l'information pour ne pas voir affectés ses projets. En ce sens, le *Document d'Aparecida* réclame que « dans les interventions sur les ressources naturelles ne prédominent pas les intérêts des groupes économiques qui ravagent déraisonnablement les sources de la vie[32] ». L'alliance entre l'économie et la technologie finit par laisser de côté ce qui ne fait pas partie de leurs intérêts immédiats. Ainsi, on peut seulement s'attendre à quelques déclarations superficielles, quelques actions philanthropiques isolées, voire des efforts pour montrer une sensibilité envers l'environnement, quand, en réalité, toute tentative des organisations sociales pour modifier les choses sera vue comme une gêne provoquée par des utopistes romantiques ou comme un obstacle à contourner.

55. Peu à peu certains pays peuvent enregistrer des progrès importants, le développement de contrôles plus efficaces et une lutte plus sincère contre la corruption. Il y a plus de sensibilité écologique de la part des populations, bien que cela ne suffise pas pour modifier les habitudes nuisibles de consommation, qui ne semblent pas céder mais s'amplifient et se développent.

32. Ve Conférence générale de l'Épiscopat latino-américain et des Caraïbes, *Document d'Aparecida* (29 juin 2007), p. 471.

C'est ce qui arrive, pour donner seulement un exemple simple, avec l'augmentation croissante de l'utilisation et de l'intensité des climatiseurs. Les marchés, en cherchant un gain immédiat, stimulent encore plus la demande. Si quelqu'un observait de l'extérieur la société planétaire, il s'étonnerait face à un tel comportement qui semble parfois suicidaire.

56. Pendant ce temps, les pouvoirs économiques continuent de justifier le système mondial actuel, où priment une spéculation et une recherche du revenu financier* qui tendent à ignorer tout contexte, de même que les effets sur la dignité humaine* et sur l'environnement. Ainsi, il devient manifeste que la dégradation de l'environnement comme la dégradation humaine et éthique sont intimement liées. Beaucoup diront qu'ils n'ont pas conscience de réaliser des actions immorales, parce que la distraction constante nous ôte le courage de nous rendre compte de la réalité d'un monde limité et fini. Voilà pourquoi aujourd'hui « tout ce qui est fragile, comme l'environnement, reste sans défense par rapport aux intérêts du marché divinisé, transformés en règle absolue[33] ».

57. Il est prévisible que, face à l'épuisement de certaines ressources, se crée progressivement un scénario favorable à de nouvelles guerres, déguisées en revendications nobles. La guerre produit toujours de graves dommages à l'environnement comme à la richesse culturelle des populations, et les risques deviennent gigantesques quand on pense aux armes nucléaires ainsi qu'aux armes biologiques. En effet, « malgré l'interdiction par des accords internationaux de la guerre chimique, bactériologique et biologique, en réalité la recherche continue dans les laboratoires pour développer de nouvelles armes offensives

33. Exhortation apostolique *Evangelii gaudium* (24 novembre 2013), n° 56 : AAS 105, 2013, p. 1043.

capables d'altérer les équilibres naturels[34] ». Une plus grande attention est requise de la part de la politique pour prévenir et pour s'attaquer aux causes qui peuvent provoquer de nouveaux conflits. Mais c'est le pouvoir lié aux secteurs financiers* qui résiste le plus à cet effort, et les projets politiques n'ont pas habituellement de largeur de vue. Pourquoi veut-on préserver aujourd'hui un pouvoir qui laissera dans l'histoire le souvenir de son incapacité à intervenir quand il était urgent et nécessaire de le faire ?

58. Dans certains pays, il y a des exemples positifs de réussites dans les améliorations de l'environnement tels que l'assainissement de certaines rivières polluées durant de nombreuses décennies, ou la récupération de forêts autochtones, ou l'embellissement de paysages grâce à des œuvres d'assainissement environnemental, ou des projets de construction de bâtiments de grande valeur esthétique, ou encore, par exemple, grâce à des progrès dans la production d'énergie non polluante, dans les améliorations du transport public. Ces actions ne résolvent pas les problèmes globaux, mais elles confirment que l'être humain est encore capable d'intervenir positivement. Comme il a été créé pour aimer, du milieu de ses limites* jaillissent inévitablement des gestes de générosité, de solidarité et d'attention.

59. En même temps, une écologie superficielle ou apparente se développe, qui consolide un certain assoupissement et une joyeuse irresponsabilité. Comme cela arrive ordinairement aux époques de crises profondes, qui requièrent des décisions courageuses, nous sommes tentés de penser que ce qui est en train de se passer n'est pas certain. Si nous regardons les choses en surface, au-delà de quelques signes visibles de pollution et de dégradation, il semble qu'elles ne soient pas si graves et que la planète pourrait subsister longtemps dans les conditions

34. JEAN-PAUL II, *Message pour la journée mondiale de la Paix 1990*, n° 12 : AAS 82, 1990, p. 154.

actuelles. Ce comportement évasif nous permet de continuer à maintenir nos styles de vie, de production et de consommation. C'est la manière dont l'être humain s'arrange pour alimenter tous les vices autodestructifs : en essayant de ne pas les voir, en luttant pour ne pas les reconnaître, en retardant les décisions importantes, en agissant comme si de rien n'était.

VII. Diversité d'opinions

60. Finalement, reconnaissons que diverses visions et lignes de pensée se sont développées à propos de la situation et des solutions possibles. À l'extrême, d'un côté, certains soutiennent à tout prix le mythe du progrès et affirment que les problèmes écologiques seront résolus simplement grâce à de nouvelles applications techniques, sans considérations éthiques ni changements de fond. De l'autre côté, d'autres pensent que, à travers n'importe laquelle de ses interventions, l'être humain ne peut être qu'une menace et nuire à l'écosystème mondial, raison pour laquelle il conviendrait de réduire sa présence sur la planète et d'empêcher toute espèce d'intervention de sa part. Entre ces deux extrêmes, la réflexion devrait identifier de possibles scénarios futurs, parce qu'il n'y a pas une seule issue. Cela donnerait lieu à divers apports qui pourraient entrer dans un dialogue* en vue de réponses intégrales[a].

a. Le GIEC a produit cinq rapports depuis sa création : en 1990, 1996, 2001, 2007 et 2013-14. Ils constituent une synthèse des résultats de la recherche. Chaque groupe de travail rédige un rapport en faisant appel à de nombreux collaborateurs (plusieurs centaines). Ces rapports font l'objet d'un processus de relecture et d'amendements. Le texte final est soumis ligne à ligne à un vote de consensus de la part d'experts gouvernementaux. En cas de litige, le texte est récrit par les auteurs scientifiques. Enfin, la synthèse à l'usage des décideurs est examinée en réunion plénière du GIEC.

61. Sur beaucoup de questions concrètes, en principe, l'Église n'a pas de raison de proposer une parole définitive et elle comprend qu'elle doit écouter puis promouvoir le débat honnête entre scientifiques, en respectant la diversité d'opinions. Mais il suffit de regarder la réalité avec sincérité pour constater qu'il y a une grande détérioration de notre maison commune*. L'espérance*[a] nous invite à reconnaître qu'il y a toujours une voie de sortie, que nous pouvons toujours repréciser le cap, que nous pouvons toujours faire quelque chose pour résoudre les problèmes. Cependant, des symptômes d'un point de rupture semblent s'observer, à cause de la rapidité des changements et de la dégradation, qui se manifestent tant dans des catastrophes naturelles régionales que dans des crises sociales ou même financières*, étant donné que les problèmes du monde ne peuvent pas être analysés ni s'expliquer de façon isolée. Certaines régions sont déjà particulièrement en danger et, indépendamment de toute prévision catastrophiste, il est certain que l'actuel système mondial est insoutenable de divers points de vue, parce que nous avons cessé de penser aux fins de l'action humaine: «Si le regard parcourt les régions de notre planète, il s'aperçoit immédiatement que l'humanité a déçu l'attente divine[35].»

35. JEAN-PAUL II, *Catéchèse* (17 janvier 2001), 3: *Insegnamenti* 24/1, 2001; OR (23 janvier 2001), n° 4, p. 12.

---

a. Le vrai ressort d'une conversion écologique ne peut être la peur, l'annonce de catastrophes. Il réside dans la conviction qu'une histoire est devant nous, que la création qui nous est donnée est bonne, dans l'invitation à faire fond sur les capacités de l'humanité et non pas à l'enfoncer pour mieux faire ressortir l'action de Dieu. Dieu a donné la responsabilité pour agir. Le pape ne désespère pas de la possibilité de nous ressaisir. Le ton de l'encyclique est aussi celui de l'émerveillement, dans la reconnaissance du dynamisme d'une création continuée, d'une libération à l'œuvre. Cette espérance rejoint l'attente de beaucoup, chrétiens ou non. Plus qu'un problème à résoudre, la question écologique est celle d'une communion à retrouver, d'une joie à vivre une promesse dans la «maison commune».

Questions pédagogiques

- Quels symptômes du changement climatique percevez-vous autour de vous ?
- Sur quoi le pape s'appuie-t-il pour faciliter une prise de conscience mondiale ?
- Laquelle des trois dettes (financière, sociale et écologique) vous paraît la plus grave ?
- Quels signes de « conversion écologique » voyez-vous dans votre environnement proche ?

DEUXIÈME CHAPITRE

L'ÉVANGILE DE LA CRÉATION

« LA TERRE NOUS PRÉCÈDE ET NOUS A ÉTÉ DONNÉE »

Après avoir examiné « ce qui se passe dans notre maison » (premier chapitre), l'encyclique se met à l'écoute de la tradition chrétienne, enracinée dans une lecture de la Bible. Cette dualité d'approches est placée à l'enseigne du « dialogue » entre ce qui relève de la « science » et ce qui relève de la « religion » (62). Le traitement de la question écologique suppose en effet une pluralité de regards sur le monde, capables de se féconder mutuellement. Dans ce chapitre, les mêmes thèmes seront repris et approfondis, d'abord à partir de la Bible puis de contributions théologiques (saint Thomas, textes des papes récents, conférences épiscopales).

Le premier temps du chapitre se met à l'écoute de l'Écriture, principalement des récits de la Genèse. Deux points sont mis successivement en valeur. Celui, d'abord, de la dignité de la personne humaine, créée « à l'image et à la ressemblance de Dieu » (65), puis celui de la triple relation dans laquelle elle s'inscrit : avec Dieu, avec le prochain et avec la terre (66). Tout est lié, comme ne cesse de l'affirmer l'encyclique : la relation de l'humanité avec la nature ne saurait être séparée de celle qu'elle entretient avec Dieu et de la manière avec laquelle les êtres humains se rapportent les uns aux autres. « Paix, justice et sauvegarde de la création » sont indissociables. Cette interdépendance se manifeste aussi bien négativement : lorsque « la justice n'habite plus la terre », c'est alors que la vie est en danger (70, à propos du déluge); mais aussi positivement: «Il suffit d'un être humain bon pour qu'il y ait de l'espérance!» (71).

L'insistance sur la dignité de la personne humaine, très présente dans la doctrine catholique, n'empêche pas de reconnaître la «valeur propre» des autres créatures devant Dieu (69). Leur valeur ne vient pas seulement de leur utilité pour l'homme. La grande variété des créatures reflète «l'inépuisable richesse de Dieu» (86). Chacune possède des «potentialités» qui la font participer à l'achèvement de la création. La nature doit être source d'émerveillement et de contemplation pour l'homme. On relèvera qu'elle est placée plutôt sous le signe de l'harmonie: le mal physique relève des «douleurs de l'enfantement» (80, citant saint Paul) et la violence qui règne dans le monde provient du péché de l'homme.

La création est un don de Dieu, qui résulte d'une décision libre dont la raison fondamentale est l'amour du Créateur pour toutes ses créatures (77). Le monde n'est pas livré au hasard; son histoire répond à un dessein, pour la communion de tous les êtres. Le mal vient du refus d'entrer en relation. C'est prétendre «prendre la place de Dieu» (66) que de refuser de reconnaître ses propres limitations. La limite, en effet, est ce qui permet d'entrer en relation avec autrui. Et le Créateur en donne lui-même l'exemple: en se limitant, il laisse place à «l'autonomie légitime» de ses créatures (80).

La finale du texte invite à contempler la manière de faire de Jésus, qui révèle la paternité universelle de Dieu. À sa suite, nous sommes conduits à «reconnaître la relation paternelle que Dieu a avec toutes ses créatures» (96). L'incarnation de Dieu manifeste son insertion au sein du monde et elle anticipe la communion de la fin des temps.

François Euvé

62. Pourquoi inclure dans ce texte, adressé à toutes les personnes de bonne volonté, un chapitre qui fait référence à des convictions de foi ? Je n'ignore pas que, dans les domaines de la politique et de la pensée, certains rejettent avec force l'idée d'un Créateur, ou bien la considèrent comme sans importance au point de reléguer dans le domaine de l'irrationnel la richesse que les religions peuvent offrir pour une écologie intégrale* et pour un développement plénier de l'humanité. D'autres fois, on considère qu'elles sont une sous-culture qui doit seulement être tolérée. Cependant, la science et la religion, qui proposent des approches différentes de la réalité, peuvent entrer dans un dialogue* intense et fécond pour toutes deux[a].

I. La lumière qu'offre la foi

63. Si nous prenons en compte la complexité de la crise écologique et ses multiples causes, nous devrons reconnaître que les solutions ne peuvent pas venir d'une manière unique d'interpréter et de transformer la réalité. Il est nécessaire d'avoir

a. L'encyclique promeut un dialogue* entre science et religion comme deux approches différentes de la réalité. L'une n'a pas à se substituer à l'autre et aucune ne peut prétendre énoncer à elle seule la totalité de la vérité. C'est la raison pour laquelle la théologie catholique a toujours intégré la pensée philosophique (63). Comme l'écrivait Jean-Paul II : « La science peut purifier la religion de l'erreur et de la superstition ; la religion peut purifier la science de l'idolâtrie et des faux absolus. »

aussi recours aux diverses richesses culturelles des peuples, à l'art et à la poésie, à la vie intérieure et à la spiritualité. Si nous cherchons vraiment à construire une écologie qui nous permette de restaurer tout ce que nous avons détruit, alors aucune branche des sciences et aucune forme de sagesse ne peut être laissée de côté, la sagesse religieuse non plus, avec son langage propre. De plus, l'Église catholique est ouverte au dialogue* avec la pensée philosophique, et cela lui permet de produire diverses synthèses entre foi et raison. En ce qui concerne les questions sociales, cela peut se constater dans le développement de la doctrine sociale de l'Église, qui est appelée à s'enrichir toujours davantage à partir des nouveaux défis.

64. Par ailleurs, même si cette encyclique s'ouvre au dialogue* avec tous pour chercher ensemble des chemins de libération, je veux montrer dès le départ comment les convictions de la foi offrent aux chrétiens, et aussi à d'autres croyants, de grandes motivations pour la protection de la nature et des frères et sœurs les plus fragiles. Si le seul fait d'être humain pousse les personnes à prendre soin de l'environnement dont elles font partie, « les chrétiens, notamment, savent que leurs devoirs à l'intérieur de la création et leurs devoirs à l'égard de la nature et du Créateur font partie intégrante de leur foi[36] ». Donc, c'est un bien pour l'humanité et pour le monde que nous, les croyants, nous reconnaissions mieux les engagements écologiques qui jaillissent de nos convictions.

II. La sagesse des récits bibliques

65. Sans répéter ici l'entière théologie de la création, nous nous demandons ce que disent les grands récits bibliques sur

36. Jean-Paul II, *Message pour la journée mondiale de la Paix 1990*, n° 15 : AAS 82, 1990, p. 156.

la création et sur la relation entre l'être humain et le monde. Dans le premier récit de l'œuvre de la création, dans le livre de la Genèse, le plan de Dieu inclut la création de l'humanité. Après la création de l'être humain, il est dit que « Dieu vit tout ce qu'il avait fait : cela était très bon » (Gn 1, 31). La Bible enseigne que chaque être humain est créé par amour, à l'image et à la ressemblance de Dieu (cf. Gn 1, 26). Cette affirmation nous montre la très grande dignité* de toute personne humaine[a], qui « n'est pas seulement quelque chose, mais quelqu'un. Elle est capable de se connaître, de se posséder, et de librement se donner et entrer en communion avec d'autres personnes[37]. » Saint Jean-Paul II a rappelé que l'amour très particulier que le Créateur a pour chaque être humain lui confère une dignité* infinie[38]. Ceux qui s'engagent dans la défense de la dignité* des personnes peuvent trouver dans la foi chrétienne les arguments les plus profonds pour cet engagement. Quelle merveilleuse certitude de savoir que la vie de toute personne ne se perd pas dans un chaos désespérant, dans un monde gouverné par le pur hasard ou par des cycles qui se répètent de manière absurde ! Le Créateur peut dire à chacun de nous : « Avant même de te former au ventre maternel, je t'ai connu » (Jr 1, 5). Nous avons été conçus dans le cœur de Dieu, et donc « chacun de nous est le fruit d'une pensée de

37. *Catéchisme de l'Église catholique*, n° 357.
38. Cf. *Angelus* à Osnabrück (Allemagne) avec des personnes vivant des situations de handicap (16 novembre 1980) : *Insegnamenti* 3/2, 1980, p. 1232 ; OR (18 novembre 1980), n° 47, p. 3.

---

a. Ce principe est au fondement de la doctrine sociale de l'Église. Il s'enracine dans l'Écriture. Il est dit plus loin : « Un retour à la nature ne peut se faire au prix de la liberté et de la responsabilité de l'être humain » (78). Cette affirmation critique toute doctrine écologique qui accorderait plus de prix à la défense de la biodiversité qu'au respect de l'être humain dans quelque état qu'il se trouve, fût-il embryon, mourant ou handicapé. Par son travail, l'homme est invité à transformer le monde pour le rendre plus conforme au dessein divin. (Cf. Glossaire : « Dignité de la personne humaine ».)

Dieu. Chacun de nous est voulu, chacun est aimé, chacun est nécessaire[39]. »

66. Les récits de la création dans le livre de la Genèse contiennent, dans leur langage symbolique et narratif, de profonds enseignements sur l'existence humaine et sur sa réalité historique. Ces récits suggèrent que l'existence humaine repose sur trois relations* fondamentales intimement liées : la relation avec Dieu, avec le prochain, et avec la terre. Selon la Bible, les trois relations* vitales ont été rompues, non seulement à l'extérieur, mais aussi à l'intérieur de nous. Cette rupture est le péché. L'harmonie entre le Créateur, l'humanité et l'ensemble de la création a été détruite par le fait d'avoir prétendu prendre la place de Dieu, en refusant de nous reconnaître comme des créatures limitées. Ce fait a dénaturé aussi la mission de « soumettre » la terre (cf. Gn 1, 28), de « la cultiver et la garder » (Gn 2, 15). Comme résultat, la relation, harmonieuse à l'origine entre l'être humain et la nature, est devenue conflictuelle (cf. Gn 3, 17-19). Pour cette raison, il est significatif que l'harmonie que vivait saint François d'Assise avec toutes les créatures ait été interprétée comme une guérison de cette rupture. Saint Bonaventure disait que par la réconciliation universelle avec toutes les créatures, d'une certaine manière, François retournait à l'état d'innocence[40]. Loin de ce modèle, le péché aujourd'hui se manifeste, avec toute sa force de destruction, dans les guerres, sous diverses formes de violence et de maltraitance, dans l'abandon des plus fragiles, dans les agressions contre la nature.

67. Nous ne sommes pas Dieu. La terre nous précède et nous a été donnée. Cela permet de répondre à une accusation lancée contre la pensée judéo-chrétienne : il a été dit que, à partir du récit de la Genèse qui invite à « dominer » la terre (cf. Gn

39. BENOÎT XVI, *Homélie de la messe inaugurale du ministère pétrinien* (24 avril 2005) : AAS 97, 2005, p. 711.
40. Cf. *Legenda maior*, VIII, 1 : FF, p. 1134.

1, 28)[a], on favoriserait l'exploitation sauvage de la nature en présentant une image de l'être humain comme dominateur et destructeur. Ce n'est pas une interprétation correcte de la Bible, comme la comprend l'Église. S'il est vrai que, parfois, nous les chrétiens avons mal interprété les Écritures, nous devons rejeter aujourd'hui avec force que, du fait d'avoir été créés à l'image de Dieu et de la mission de dominer la terre, découle pour nous une domination absolue sur les autres créatures. Il est important de lire les textes bibliques dans leur contexte, avec une herméneutique adéquate, et de se souvenir qu'ils nous invitent à «cultiver et garder» le jardin du monde (cf. Gn 2, 15). Alors que «cultiver» signifie labourer, défricher ou travailler, «garder» signifie protéger, sauvegarder, préserver, soigner, surveiller. Cela implique une relation de réciprocité responsable entre l'être humain et la nature. Chaque communauté peut prélever de la bonté de la terre ce qui lui est nécessaire pour survivre, mais elle a aussi le devoir de la sauvegarder et de garantir la continuité de sa fertilité pour les générations futures*; car, en définitive, «au Seigneur la terre» (Ps 24, 1), à lui appartiennent «la terre et tout ce qui s'y trouve» (Dt 10, 14). Pour cette raison, Dieu dénie toute prétention de propriété absolue: «La terre ne sera pas vendue avec perte de tout droit, car la terre m'appartient, et vous n'êtes pour moi que des étrangers et des hôtes» (Lv 25, 23).

---

a. Dans un article souvent repris dans les milieux écologistes sur les «racines historiques de notre crise écologique», Lynn White voyait dans le récit de la Genèse la source d'une vision de la nature mise au service de l'homme (cf. D. Bourg et Ph. Roch, *Crise écologique, crise des valeurs,* Labor et Fides, Genève, 2010). Mais il existe d'autres interprétations. Les créatures, déclarées bonnes par Dieu (Gn 1,31), ont une valeur par elles-mêmes et méritent respect. Le pape ajoute que «garder» la terre implique une relation de «réciprocité responsable entre l'être humain et la nature». Nous sommes nous-mêmes nés de la terre (Gn 2,7), «notre corps est constitué d'éléments de la planète, son air nous donne souffle, son eau nous vivifie» (2). Tous les êtres de la nature peuvent être déclarés frères et sœurs, comme le chantait François d'Assise.

68. Cette responsabilité vis-à-vis d'une terre qui est à Dieu implique que l'être humain, doué d'intelligence, respecte les lois de la nature et les délicats équilibres entre les êtres de ce monde, parce que « lui commanda, eux furent créés, il les posa pour toujours et à jamais sous une loi qui jamais ne passera » (Ps 148, 5b-6). C'est pourquoi la législation biblique s'attarde à proposer à l'être humain diverses normes, non seulement en relation avec ses semblables, mais aussi en relation avec les autres êtres vivants : « Si tu vois tomber en chemin l'âne ou le bœuf de ton frère, tu ne te déroberas pas [...] Si tu rencontres en chemin un nid avec des oisillons ou des œufs, sur un arbre ou par terre, et que la mère soit posée sur les oisillons ou les œufs, tu ne prendras pas la mère sur les petits » (Dt 22, 4.6). Dans cette perspective, le repos du septième jour n'est pas proposé seulement à l'être humain, mais aussi « afin que se reposent ton âne et ton bœuf » (Ex 23, 12). Nous nous apercevons ainsi que la Bible ne donne pas lieu à un anthropocentrisme* despotique qui se désintéresserait des autres créatures.

69. En même temps que nous pouvons faire un usage responsable des choses, nous sommes appelés à reconnaître que les autres êtres vivants ont une valeur propre* devant Dieu et, « par leur simple existence ils le bénissent et lui rendent gloire[41] », puisque « le Seigneur se réjouit en ses œuvres » (Ps 104, 31). Précisément en raison de sa dignité unique* et par le fait d'être doué d'intelligence, l'être humain est appelé à respecter la création avec ses lois internes, car « le Seigneur, par la sagesse, a fondé la terre » (Pr 3, 19). Aujourd'hui l'Église ne dit pas seulement que les autres créatures sont complètement subordonnées au bien de l'homme, comme si elles n'avaient aucune valeur en elles-mêmes et que nous pouvions en disposer à volonté. Pour cette raison, les évêques d'Allemagne ont enseigné au sujet des

41. *Catéchisme de l'Église catholique*, n° 2416.

autres créatures qu'« on pourrait parler de la priorité de l'*être* sur *le fait d'être utile*[42] ». Le *Catéchisme* remet en cause, de manière très directe et insistante, ce qui serait un anthropocentrisme* déviant : « Chaque créature possède sa bonté et sa perfection propres [...] Les différentes créatures, voulues en leur être propre, reflètent, chacune à sa façon, un rayon de la sagesse et de la bonté infinies de Dieu. C'est pour cela que l'homme doit respecter la bonté propre de chaque créature pour éviter un usage désordonné des choses[43]. »

70. Dans le récit concernant Caïn et Abel, nous voyons que la jalousie a conduit Caïn à commettre l'injustice extrême contre son frère. Ce qui a provoqué à son tour une rupture de la relation entre Caïn et Dieu, et entre Caïn et la terre dont il a été exilé. Ce passage est résumé dans la conversation dramatique entre Dieu et Caïn. Dieu demande : « Où est ton frère Abel ? » Caïn répond qu'il ne sait pas et Dieu insiste : « Qu'as-tu fait ? Écoute le sang de ton frère crier vers moi du sol ! Maintenant, sois maudit et chassé du sol fertile » (Gn 4, 9-11). La négligence dans la charge de cultiver et de garder une relation adéquate avec le voisin, envers lequel j'ai le devoir d'attention et de protection, détruit ma relation intérieure avec moi-même, avec les autres, avec Dieu et avec la terre. Quand toutes ces relations* sont négligées, quand la justice n'habite plus la terre, la Bible nous dit que toute la vie est en danger. C'est ce que nous enseigne le récit sur Noé, quand Dieu menace d'exterminer l'humanité en raison de son incapacité constante à vivre à la hauteur des exigences de justice et de paix : « La fin de toute chair est arrivée, je l'ai décidé, car la terre est pleine de violence à cause des hommes » (Gn 6, 13). Dans ces récits si anciens, empreints de profond symbo-

42. CONFÉRENCE ÉPISCOPALE ALLEMANDE, *Zukunft der Schöpfung – Zukunft der Menschheit. Erklärung der Deutschen Bischofskonferenz zu Fragen der Umwelt und der Energieversorgung* (1980), II, 2.
43. *Catéchisme de l'Église catholique*, n° 339.

lisme, une conviction actuelle était déjà présente : tout est lié, et la protection authentique de notre propre vie comme de nos relations* avec la nature est inséparable de la fraternité, de la justice ainsi que de la fidélité aux autres.

71. Même si « la méchanceté de l'homme était grande sur la terre » (Gn 6, 5) et que Dieu « se repentit d'avoir fait l'homme sur la terre » (Gn 6, 6), il a cependant décidé d'ouvrir un chemin de salut à travers Noé qui était resté intègre et juste. Ainsi, il a donné à l'humanité la possibilité d'un nouveau commencement. Il suffit d'un être humain bon pour qu'il y ait de l'espérance* ! La tradition biblique établit clairement que cette réhabilitation implique la redécouverte et le respect des rythmes inscrits dans la nature par la main du Créateur. Cela se voit, par exemple, dans la loi sur le *Sabbat*[a]. Le septième jour, Dieu se reposa de toutes ses œuvres. Il ordonna à Israël que chaque septième jour soit un jour de repos, un *Sabbat* (cf. Gn 2, 2-3 ; Ex 16, 23 ; 20, 10). Par ailleurs, une année sabbatique fut également instituée pour Israël et sa terre, tous les sept ans (cf. Lv 25, 1-4), pendant laquelle un repos complet était accordé à la terre ; on ne semait pas, on moissonnait seulement ce qui était indispensable pour subsister et offrir l'hospitalité (cf. Lv 25, 4-6). Enfin, passées sept semaines d'années, c'est-à-dire quarante-neuf ans, le Jubilé était célébré, année de pardon universel et d'« affranchissement de tous les habitants » (Lv 25, 10). Le développement de cette législation a cherché à assurer l'équilibre et l'équité dans les relations* de l'être humain avec ses semblables et avec la terre où il vivait et travaillait. Mais en même temps c'était une

a. L'institution du sabbat est fondamentale en Israël. Travailler*, c'est participer à l'œuvre créatrice, mais s'arrêter l'est tout autant. Arrêter son travail, c'est se mettre à l'école du Créateur qui, au septième jour, mit un terme à son œuvre. C'est une façon de laisser place à autrui en reconnaissant son autonomie. Le sabbat est invitation au partage. Il anticipe ainsi la communion finale et peut être dit « fête de la création ».

reconnaissance que le don de la terre, avec ses fruits, appartient à tout le peuple. Ceux qui cultivaient et gardaient le territoire devaient en partager les fruits, spécialement avec les pauvres*, les veuves, les orphelins et les étrangers : « Lorsque vous récolterez la moisson de votre pays, vous ne moissonnerez pas jusqu'à l'extrême bout du champ. Tu ne glaneras pas ta moisson, tu ne grappilleras pas ta vigne et tu ne ramasseras pas les fruits tombés dans ton verger. Tu les abandonneras au pauvre et à l'étranger » (Lv 19, 9-10).

72. Les Psaumes invitent souvent l'être humain à louer le Dieu créateur : « qui affermit la terre sur les eaux, car éternel est son amour ! » (Ps 136, 6). Mais ils invitent aussi les autres créatures à le louer : « Louez-le, Soleil et Lune, louez-le, tous les astres de lumière ; louez-le, cieux des cieux, et les eaux par-dessus les cieux ! Qu'ils louent le nom du Seigneur : lui commanda et ils furent créés » (Ps 148, 3-5). Nous existons non seulement par le pouvoir de Dieu, mais aussi face à lui et près de lui. C'est pourquoi nous l'adorons.

73. Les écrits des prophètes invitent à retrouver la force dans les moments difficiles en contemplant le Dieu tout-puissant qui a créé l'univers. Le pouvoir infini de Dieu ne nous porte pas à fuir sa tendresse paternelle, parce qu'en lui affection et vigueur se conjuguent. De fait, toute saine spiritualité implique en même temps d'accueillir l'amour de Dieu, et d'adorer avec confiance le Seigneur pour sa puissance infinie. Dans la Bible, le Dieu qui libère et sauve est le même qui a créé l'univers, et ces deux modes divins d'agir sont intimement et inséparablement liés : « Ah Seigneur, voici que tu as fait le ciel et la terre par ta grande puissance et ton bras étendu. À toi, rien n'est impossible ! [...] Tu fis sortir ton peuple Israël du pays d'Égypte par signes et prodiges » (Jr 32, 17.21). « Le Seigneur est un Dieu éternel, créateur des extrémités de la terre. Il ne se fatigue ni ne se lasse, insondable est son intelligence. Il donne la force à celui qui est fatigué, à celui qui est sans vigueur il prodigue le réconfort» (Is 40, 28b-29).

74. L'expérience de la captivité à Babylone a engendré une crise spirituelle qui a favorisé un approfondissement de la foi en Dieu, explicitant sa toute-puissance créatrice, pour exhorter le peuple à retrouver l'espérance* dans sa situation malheureuse. Des siècles plus tard, en un autre moment d'épreuves et de persécution, quand l'Empire romain cherchait à imposer une domination absolue, les fidèles retrouvaient consolation et espérance* en grandissant dans la confiance au Dieu tout-puissant, et ils chantaient: «Grandes et merveilleuses sont tes œuvres, Seigneur, Dieu Maître-de-tout; justes et droites sont tes voies, ô Roi des nations» (Ap 15, 3). S'il a pu créer l'univers à partir de rien, il peut aussi intervenir dans ce monde et vaincre toute forme de mal. Par conséquent l'injustice n'est pas invincible.

75. Nous ne pouvons pas avoir une spiritualité qui oublie le Dieu tout-puissant et créateur. Autrement, nous finirions par adorer d'autres pouvoirs du monde, ou bien nous prendrions la place du Seigneur au point de prétendre piétiner la réalité créée par lui, sans connaître de limite. La meilleure manière de mettre l'être humain à sa place, et de mettre fin à ses prétentions d'être un dominateur absolu de la terre, c'est de proposer la figure d'un Père créateur et unique maître du monde, parce qu'autrement l'être humain aura toujours tendance à vouloir imposer à la réalité ses propres lois et intérêts.

III. Le mystère de l'univers

76. Pour la tradition judéo-chrétienne, dire «création», c'est signifier plus que «nature», parce qu'il y a un rapport avec un projet de l'amour de Dieu dans lequel chaque créature a une valeur et une signification. La nature s'entend d'habitude comme un système qui s'analyse, se comprend et se gère, mais la création peut seulement être comprise comme un don[a] qui surgit de la main ouverte du Père de tous, comme une réalité illuminée par l'amour qui nous appelle à une communion universelle.

77. « Par la parole du Seigneur les cieux ont été faits » (Ps 33, 6). Il nous est ainsi indiqué que le monde est issu d'une décision, non du chaos ou du hasard, ce qui le rehausse encore plus. Dans la parole créatrice, il y a un choix libre exprimé. L'univers n'a pas surgi comme le résultat d'une toute-puissance arbitraire, d'une démonstration de force ni d'un désir d'auto-affirmation. La création est de l'ordre de l'amour. L'amour de Dieu est la raison fondamentale de toute la création : « Tu aimes en effet tout ce qui existe, tu n'as de dégoût pour rien de ce que tu as fait ; car si tu avais haï quelque chose, tu ne l'aurais pas formé » (Sg 11, 24). Par conséquent, chaque créature est l'objet de la tendresse du Père, qui lui donne une place dans le monde. Même la vie éphémère de l'être le plus insignifiant est l'objet de son amour, et, en ces peu de secondes de son existence, il l'entoure de son affection. Saint Basile le Grand disait que le Créateur est aussi « la bonté sans mesure[44] », et Dante Alighieri parlait de l'« amour qui meut le soleil et les étoiles[45] ». Voilà pourquoi à partir des œuvres créées, on s'élève « vers sa miséricorde pleine d'amour[46] ».

78. En même temps, la pensée judéo-chrétienne a démystifié* la nature. Sans cesser de l'admirer pour sa splendeur et

44. *Hom. in Hexaemeron*, 1, 2, 10 : PG 29, col. 9.
45. *La Divine Comédie. Paradis*, chant XXXIII, 145.
46. Benoît XVI, *Catéchèse* (9 novembre 2005) : *Insegnamenti* 1, 2005, p. 768.

a. Dieu ne crée pas le monde par nécessité, ni de manière arbitraire. La tradition chrétienne dit que Dieu crée par amour. Dans sa création, il se communique lui-même à sa créature afin de l'inviter à entrer en communion avec lui ainsi qu'avec ses « frères et sœurs » en création. La liberté du geste créateur est la condition même d'une communion authentique.

son immensité, elle ne lui a plus attribué de caractère divin. De cette manière, notre engagement envers elle est davantage mis en exergue. Un retour à la nature ne peut se faire au prix de la liberté et de la responsabilité de l'être humain, qui fait partie du monde avec le devoir de cultiver ses propres capacités pour le protéger et en développer les potentialités. Si nous reconnaissons la valeur et la fragilité* de la nature, et en même temps les capacités que le Créateur nous a octroyées, cela nous permet d'en finir aujourd'hui avec le mythe moderne du progrès matériel sans limite. Un monde fragile, avec un être humain à qui Dieu en confie le soin, interpelle notre intelligence pour reconnaître comment nous devrions orienter, cultiver et limiter notre pouvoir.

79. Dans cet univers, constitué de systèmes ouverts qui entrent en communication les uns avec les autres, nous pouvons découvrir d'innombrables formes de relations* et de participations. Cela conduit à penser également à l'ensemble comme étant ouvert à la transcendance de Dieu, dans laquelle il se développe. La foi nous permet d'interpréter le sens et la beauté mystérieuse de ce qui arrive. La liberté humaine peut offrir son apport intelligent à une évolution positive, mais elle peut aussi être à l'origine de nouveaux maux, de nouvelles causes de souffrance et de vrais reculs. Cela donne lieu à la passionnante et dramatique histoire humaine, capable de se convertir en un déploiement de libération, de croissance*, de salut et d'amour, ou en un chemin de décadence et de destruction mutuelle. Voilà pourquoi l'action de l'Église ne tente pas seulement de rappeler le devoir de prendre soin de la nature, mais en même temps « elle doit aussi surtout protéger l'homme de sa propre destruction[47] ».

47. Id., lettre encyclique *Caritas in veritate* (29 juin 2009), n° 51 : AAS 101, 2009, p. 687.

80. Cependant Dieu, qui veut agir avec nous et compte sur notre coopération, est aussi capable de tirer quelque chose de bon du mal[a] que nous commettons, parce que « l'Esprit saint possède une imagination infinie, propre à l'Esprit divin, qui sait prévoir et résoudre les problèmes des affaires humaines, même les plus complexes et les plus impénétrables[48] ». Il a voulu se limiter lui-même de quelque manière, en créant un monde qui a besoin de développement, où beaucoup de choses que nous considérons mauvaises, dangereuses ou sources de souffrances, font en réalité partie des douleurs de l'enfantement qui nous stimulent à collaborer avec le Créateur[49]. Il est présent au plus intime de toute chose, sans conditionner l'autonomie de sa créature, et cela aussi donne lieu à l'autonomie légitime des réalités terrestres[50]. Cette présence divine, qui assure la permanence et le développement de tout être, « est la continuation de l'action créatrice[51] ». L'Esprit de Dieu a rempli l'univers de potentialités qui permettent que, du sein même des choses, quelque chose de nouveau puisse surgir : « La nature n'est rien d'autre que la connaissance d'un certain art, concrètement l'art divin inscrit dans les choses, et par lequel les choses elles-mêmes se meuvent

48. Jean-Paul II, *Catéchèse* (24 avril 1991), 6 : *Insegnamenti* 14/1, 1991, p. 856.
49. Le *Catéchisme* explique que Dieu a voulu créer un monde en route vers sa perfection ultime, et que ceci implique la présence de l'imperfection et du mal physique : cf. *Catéchisme de l'Église catholique*, n° 310.
50. Cf. Concile œcuménique Vatican II, constitution pastorale *Gaudium et spes*, sur l'Église dans le monde de ce temps, n° 36.
51. Thomas d'Aquin, *Somme théologique*, I, q. 104, art. 1, ad 4.

a. L'encyclique présente le monde comme en genèse, « en route vers sa perfection ultime ». La présence divine assure « la continuation de l'œuvre créatrice ». Aussi bien la situation actuelle du monde est-elle imparfaite. Ce que nous éprouvons comme souffrance doit être compris comme les « douleurs de l'enfantement », selon l'image de Paul (Rm 8). Il ne s'agit pas d'en prendre son parti mais de participer plus activement au processus créateur. L'homme a la responsabilité particulière de venir en aide aux créatures souffrantes.

vers une fin déterminée. Comme si l'artisan constructeur de navires pouvait accorder au bois de pouvoir se modifier de lui-même pour prendre la forme de navire[52]. »

81. Bien que l'être humain suppose aussi des processus évolutifs, il implique une nouveauté qui n'est pas complètement explicable par l'évolution d'autres systèmes ouverts. Chacun de nous a, en soi, une identité personnelle, capable d'entrer en dialogue* avec les autres et avec Dieu lui-même. La capacité de réflexion, l'argumentation, la créativité, l'interprétation, l'élaboration artistique, et d'autres capacités inédites, montrent une singularité qui transcende le domaine physique et biologique. La nouveauté qualitative qui implique le surgissement d'un être personnel dans l'univers matériel suppose une action directe de Dieu, un appel particulier à la vie et à la relation d'un Tu avec un autre tu. À partir des récits bibliques, nous considérons l'être humain comme un sujet, qui ne peut jamais être réduit à la catégorie d'objet.

82. Mais il serait aussi erroné de penser que les autres êtres vivants doivent être considérés comme de purs objets, soumis à la domination humaine arbitraire. Quand on propose une vision de la nature uniquement comme objet de profit et d'intérêt, cela a aussi de sérieuses conséquences sur la société. La vision qui consolide l'arbitraire du plus fort a favorisé d'immenses inégalités, injustices et violences pour la plus grande partie de l'humanité, parce que les ressources finissent par appartenir au premier qui arrive ou qui a plus de pouvoir : le gagnant emporte tout. L'idéal d'harmonie, de justice, de fraternité et de paix que propose Jésus est aux antipodes d'un pareil modèle, et il l'exprimait ainsi avec respect aux pouvoirs de son époque : « Les chefs des nations dominent sur elles en maîtres, et les grands leur font sentir leur pouvoir. Il n'en doit pas être ainsi parmi vous : au

52. Id., *In octo libros Physicorum Aristotelis expositio*, lib. II, lectio 14.

contraire, celui qui voudra devenir grand parmi vous sera votre serviteur» (Mt 20, 25-26).

83. L'aboutissement de la marche de l'univers se trouve dans la plénitude de Dieu, qui a été atteinte par le Christ ressuscité, axe de la maturation universelle[53]. Nous ajoutons ainsi un argument de plus pour rejeter toute domination despotique et irresponsable de l'être humain sur les autres créatures. La fin ultime des autres créatures, ce n'est pas nous. Mais elles avancent toutes, avec nous et par nous, jusqu'au terme commun qui est Dieu, dans une plénitude transcendante où le Christ ressuscité embrasse et illumine tout; car l'être humain, doué d'intelligence et d'amour, attiré par la plénitude du Christ[b], est appelé à reconduire toutes les créatures à leur Créateur.

53. L'apport de P. Teilhard de Chardin se situe dans cette perspective; cf. Paul VI, *Discours dans un établissement de chimie pharmaceutique* (24 février 1966): *Insegnamenti* 4, 1966, p. 992-993; Jean-Paul II, *Lettre au Révérend P. George V. Coyne* (1er juin 1988): *Insegnamenti* 11/2, 1988, p. 1715; Benoît XVI, *Homélie pour la célébration des vêpres à Aoste* (24 juillet 2009): *Insegnamenti* 5/2, 2009, p. 60[a].

a. C'est la première fois qu'une encyclique cite la figure du P. Teilhard de Chardin (1881-1955), jésuite, paléontologue, dont l'œuvre a connu un succès considérable après avoir été longtemps interdite de publication. La note rappelle que trois papes récents le mentionnent favorablement. Non seulement il a su rétablir un dialogue entre science et foi, mais il a surtout magnifiquement exposé la dimension cosmique du salut: le Christ ressuscité est le «point Oméga», récapitulant l'ensemble de la création.

b. Le pape insiste sur l'engagement du Christ dans l'humanité: son regard et son attitude à l'égard de la création (96). Mais il invite aussi à articuler cette christologie «d'en bas» avec une christologie «d'en haut». La résurrection est puissance de vie pour tout l'univers; chaque homme est destiné à y participer, répondant au cri des pauvres et de la nature. Jésus est le sauveur non seulement de l'humanité mais de l'ensemble du cosmos. S'appuyant sur les hymnes aux Colossiens et aux Éphésiens, Teilhard de Chardin avait repris cette idée déjà présente chez les Pères grecs. Le salut vient de Dieu, par la médiation d'une personne humaine. Mais cette personne fait corps avec le cosmos. Sa résurrection corporelle atteste d'une

IV. Le message de chaque créature dans l'harmonie de toute la création

84. Quand nous insistons pour dire que l'être humain est image de Dieu, cela ne doit pas nous porter à oublier que chaque créature a une fonction et qu'aucune n'est superflue. Tout l'univers matériel est un langage de l'amour de Dieu, de sa tendresse démesurée envers nous. Le sol, l'eau, les montagnes, tout est caresse de Dieu. L'histoire de l'amitié de chacun avec Dieu se déroule toujours dans un espace géographique qui se transforme en un signe éminemment personnel, et chacun de nous a en mémoire des lieux dont le souvenir lui fait beaucoup de bien. Celui qui a grandi dans les montagnes, ou qui, enfant, s'asseyait pour boire l'eau au ruisseau, ou qui jouait sur une place de son quartier, quand il retourne sur ces lieux se sent appelé à retrouver sa propre identité.

85. Dieu a écrit un beau livre* « dont les lettres sont représentées par la multitude des créatures présentes dans l'univers[54] ». Les évêques du Canada ont souligné à juste titre qu'aucune créature ne reste en dehors de cette manifestation de Dieu : « Des vues panoramiques les plus larges à la forme de vie la plus infime, la nature est une source constante d'émerveillement et de crainte. Elle est, en outre, une révélation continue du divin[55]. » Les évêques du Japon, pour leur part, ont rappelé

54. JEAN-PAUL II, *Catéchèse* (30 janvier 2002), n° 6 : *Insegnamenti* 25/1, 2002, p. 140.

55. CONFÉRENCE DES ÉVÊQUES CATHOLIQUES DU CANADA, COMMISSION DES AFFAIRES SOCIALES, lettre pastorale sur l'*Impératif écologique chrétien* (4 octobre 2003), n° 1.

---

qualité « résurrectionnelle » de la matière du monde. « Une personne de la Trinité s'est insérée dans le cosmos créé, en y liant son sort jusqu'à la croix [...] le mystère du Christ opère secrètement dans l'ensemble de la réalité naturelle » (99).

une chose très suggestive : « Entendre chaque créature chanter l'hymne de son existence, c'est vivre joyeusement dans l'amour de Dieu et dans l'espérance*[56]. » Cette contemplation de la création nous permet de découvrir à travers chaque chose un enseignement que Dieu veut nous transmettre, parce que « pour le croyant contempler la création c'est aussi écouter un message, entendre une voix paradoxale et silencieuse[57] ». Nous pouvons affirmer qu'« à côté de la révélation proprement dite, qui est contenue dans les Saintes Écritures, il y a donc une manifestation divine dans le soleil qui resplendit comme dans la nuit qui tombe[58] ». En faisant attention à cette manifestation, l'être humain apprend à se reconnaître lui-même dans la relation avec les autres créatures : « Je m'exprime en exprimant le monde ; j'explore ma propre sacralité* en déchiffrant celle du monde[59]. »

86. L'ensemble de l'univers, avec ses relations* multiples, révèle mieux l'inépuisable richesse de Dieu. Saint Thomas d'Aquin faisait remarquer avec sagesse que la multiplicité et la variété proviennent « de l'intention du premier agent », qui a voulu que « ce qui manque à chaque chose pour représenter la bonté divine soit suppléé par les autres[60] », parce qu'« une seule créature ne saurait suffire à [...] représenter comme il convient[61] » sa bonté. C'est pourquoi nous avons besoin de saisir la variété des choses dans leurs relations* multiples[62]. Par conséquent, on comprend mieux l'importance et le sens de n'importe quelle

56. Conférence des Évêques du Japon, *Reverence for Life. A Message for the Twenty-First Century* (janvier 2001), n° 89.

57. Jean-Paul II, *Catéchèse* (26 janvier 2000), n° 5 : *Insegnamenti* 23/1, 2000, p. 123.

58. Id., *Catéchèse* (2 août 2000), n° 3 : *Insegnamenti* 23/2, 2000, p. 112.

59. Paul Ricœur, *Philosophie de la volonté : Finitude et culpabilité*, Seuil, Paris, 2009, p. 216.

60. *Somme théologique*, I, q. 47, art. 1.

61. *Ibid.*

62. Cf. *ibid.*, art. 2, ad. 1 ; art 3.

créature si on la contemple dans l'ensemble du projet de Dieu. Le *Catéchisme* l'enseigne ainsi: « L'interdépendance des créatures est voulue par Dieu. Le soleil et la lune, le cèdre et la petite fleur, l'aigle et le moineau: le spectacle de leurs innombrables diversités et inégalités signifie qu'aucune des créatures ne se suffit à elle-même. Elles n'existent qu'en dépendance les unes des autres, pour se compléter mutuellement, au service les unes des autres[63]. »

87. Quand nous prenons conscience du reflet de Dieu qui se trouve dans tout ce qui existe, le cœur expérimente le désir d'adorer le Seigneur pour toutes ses créatures, et avec elles, comme cela est exprimé dans la belle hymne de saint François d'Assise[a]:

Loué sois-tu, mon Seigneur,
avec toutes tes créatures,
spécialement messire frère soleil,
qui est le jour, et par lui tu nous illumines.
Et il est beau et rayonnant avec grande splendeur,
de toi, Très Haut, il porte le signe.
Loué sois-tu, mon Seigneur,
pour sœur lune et les étoiles,
dans le ciel tu les as formées
claires, précieuses et belles.

63. *Catéchisme de l'Église catholique,* n° 340.

a. La figure de François d'Assise, « patron des écologistes », est très présente dans la réflexion du pape. Sa vie est une anticipation de la réconciliation cosmique. L'harmonie qu'il vivait avec toutes les créatures est vue comme la guérison de la rupture occasionnée par le péché (LS 66). Le *Cantique des créatures* est un texte de référence qui célèbre la fraternité universelle. Il faut noter une ambivalence de la traduction: là où le texte porte « loué sois-tu pour... », on peut aussi comprendre « par ». Les créatures participent activement à la louange cosmique.

Loué sois-tu, mon Seigneur, pour frère vent,
et pour l'air et le nuage et le ciel serein
et tous les temps,
par lesquels à tes créatures tu donnes soutien.
Loué sois-tu, mon Seigneur, pour sœur eau,
qui est très utile et humble,
et précieuse et chaste.
Loué sois-tu, mon Seigneur, pour frère feu,
par lequel tu illumines la nuit,
et il est beau et joyeux, et robuste et fort[64].

88. Les évêques du Brésil ont souligné que toute la nature, en plus de manifester Dieu, est un lieu de sa présence. En toute créature habite son Esprit vivifiant qui nous appelle à une relation avec lui[65]. La découverte de cette présence stimule en nous le développement des « vertus écologiques[66] ». Mais en disant cela, n'oublions pas qu'il y a aussi une distance infinie entre la nature et le Créateur, et que les choses de ce monde ne possèdent pas la plénitude de Dieu. Autrement, nous ne ferions pas de bien aux créatures, parce que nous ne reconnaîtrions pas leur vraie et propre place, et nous finirions par exiger d'elles indûment ce que, en leur petitesse, elles ne peuvent pas nous donner.

V. Une communion universelle

89. Les créatures de ce monde ne peuvent pas être considérées comme un bien sans propriétaire : « Tout est à toi, Maître, ami de la vie » (Sg 11, 26). D'où la conviction que, créés par le

64. *Cantique des créatures*, Cerf, SC 285, p. 343.
65. Cf. Conférence nationale des évêques du Brésil, *A Igreja e a questão ecológica*, 1992, n°s 53-54.
66. *Ibid.*, n° 61.

même Père, nous et tous les êtres de l'univers, sommes unis par des liens invisibles, et formons une sorte de famille universelle, une communion sublime qui nous pousse à un respect sacré, tendre et humble. Je veux rappeler que « Dieu nous a unis si étroitement au monde qui nous entoure, que la désertification du sol est comme une maladie pour chacun et nous pouvons nous lamenter sur l'extinction d'une espèce comme si elle était une mutilation[67] ».

90. Cela ne signifie pas que tous les êtres vivants sont égaux ni ne retire à l'être humain sa valeur particulière, qui entraîne en même temps une terrible responsabilité. Cela ne suppose pas non plus une divinisation de la terre qui nous priverait de l'appel à collaborer avec elle et à protéger sa fragilité*. Ces conceptions finiraient par créer de nouveaux déséquilibres pour échapper à la réalité qui nous interpelle[68]. Parfois on observe une obsession pour nier toute prééminence à la personne humaine, et il se mène une lutte en faveur d'autres espèces que nous n'engageons pas pour défendre l'égale dignité* entre les êtres humains. Il est vrai que nous devons nous préoccuper que d'autres êtres vivants ne soient pas traités de manière irresponsable. Mais les énormes inégalités qui existent entre nous devraient nous exaspérer particulièrement, parce que nous continuons à tolérer que les uns se considèrent plus dignes que les autres. Nous ne nous rendons plus compte que certains croupissent dans une misère dégradante, sans réelle possibilité d'en sortir, alors que d'autres ne savent même pas quoi faire de ce qu'ils possèdent, font étalage avec vanité d'une soi-disant supériorité, et laissent derrière eux un niveau de gaspillage qu'il serait impossible de généraliser sans anéantir la planète. Nous continuons à admettre en pra-

67. Exhortation apostolique *Evangelii gaudium* (24 novembre 2013), n° 215 : AAS 105, 2013, p. 1109.
68. Cf. Benoît XVI, lettre encyclique *Caritas in veritate* (29 juin 2009), n° 14 : AAS 101, 2009, p. 650.

tique que les uns se sentent plus humains que les autres, comme s'ils étaient nés avec de plus grands droits.

91. Le sentiment d'union intime avec les autres êtres de la nature ne peut pas être réel si en même temps il n'y a pas dans le cœur de la tendresse, de la compassion et de la préoccupation pour les autres êtres humains. L'incohérence est évidente de la part de celui qui lutte contre le trafic d'animaux en voie d'extinction mais qui reste complètement indifférent face à la traite des personnes, se désintéresse des pauvres*, ou s'emploie à détruire un autre être humain qui lui déplaît. Ceci met en péril le sens de la lutte pour l'environnement. Ce n'est pas un hasard si dans l'hymne à la création où saint François loue Dieu pour ses créatures, il ajoute ceci : « Loué sois-tu, mon Seigneur, pour ceux qui pardonnent par amour pour toi. » Tout est lié. Il faut donc une préoccupation pour l'environnement unie à un amour sincère envers les êtres humains, et à un engagement constant pour les problèmes de la société.

92. D'autre part, quand le cœur est authentiquement ouvert à une communion universelle, rien ni personne n'est exclu de cette fraternité. Par conséquent, il est vrai aussi que l'indifférence ou la cruauté envers les autres créatures de ce monde finissent toujours par s'étendre, d'une manière ou d'une autre, au traitement que nous réservons aux autres êtres humains. Le cœur est unique, et la même misère qui nous porte à maltraiter un animal ne tarde pas à se manifester dans la relation avec les autres personnes. Toute cruauté sur une quelconque créature « est contraire à la dignité* humaine[69] ». Nous ne pouvons pas considérer que nous aimons beaucoup si nous excluons de nos intérêts une partie de la réalité : « Paix, justice et sauvegarde de la création sont trois thèmes absolument liés, qui ne pourront pas être mis à part pour être traités séparément sous peine de tomber

69. *Catéchisme de l'Église catholique*, n° 2418.

de nouveau dans le réductionnisme[70]. » Tout est lié, et, comme êtres humains, nous sommes tous unis comme des frères et des sœurs dans un merveilleux pèlerinage, entrelacés par l'amour que Dieu porte à chacune de ses créatures et qui nous unit aussi, avec une tendre affection, à frère soleil, à sœur lune, à sœur rivière et à mère terre.

VI. La destination commune des biens[a]

93. Aujourd'hui, croyants et non-croyants, nous sommes d'accord sur le fait que la terre est essentiellement un héritage commun, dont les fruits doivent bénéficier à tous. Pour les croyants cela devient une question de fidélité au Créateur, puisque Dieu a créé le monde pour tous. Par conséquent, toute approche écologique doit incorporer une perspective sociale qui prenne en compte les droits fondamentaux des plus défavorisés. Le principe de subordination de la propriété privée à la destination universelle* des biens et, par conséquent, le droit universel à leur usage, est une « règle d'or » du comportement social, et « le premier principe de tout l'ordre éthico-social[71] ». La tradition chrétienne n'a jamais reconnu comme absolu ou intouchable

70. Conférence de l'épiscopat de la République dominicaine, *Carta pastoral sobre la relación del hombre con la naturaleza* (21 janvier 1987).
71. Jean-Paul II, lettre encyclique *Laborem exercens* (14 septembre 1981), n° 19 : AAS 73, 1981, p. 626.

a. On peut se demander ce que vient faire un paragraphe traitant de la propriété dans une réflexion écologique. Mais « tout est lié » : puisque l'action créatrice de Dieu invite à la communion et au partage, ce qui s'y oppose est de l'ordre du péché. Notre manière de nous rapporter aux autres personnes n'est pas sans lien avec notre manière de nous rapporter au monde. Ce qui est dénoncé ici est l'attitude prédatrice, la volonté d'emprise qui conduit à la clôture sur soi, et donc aux antipodes de la communion (cf. « Propriété », au Glossaire).

le droit à la propriété privée, et elle a souligné la fonction sociale de toute forme de propriété privée. Saint Jean-Paul II a rappelé avec beaucoup de force cette doctrine en affirmant que « Dieu a donné la terre à tout le genre humain pour qu'elle fasse vivre tous ses membres, *sans exclure ni privilégier personne*[72] ». Ce sont des paroles denses et fortes. Il a souligné qu'« un type de développement qui ne respecterait pas et n'encouragerait pas les droits humains, personnels et sociaux, économiques et politiques, y compris les droits des nations et des peuples, ne serait pas non plus digne de l'homme[73] ». Avec une grande clarté, il a expliqué que « l'Église défend, certes, le droit à la propriété privée, mais elle enseigne avec non moins de clarté que sur toute propriété pèse toujours une hypothèque sociale, pour que les biens servent à la destination générale que Dieu leur a donnée[74] ». Par conséquent, il a rappelé qu'« il n'est [...] pas permis, parce que cela n'est pas conforme au dessein de Dieu, de gérer ce don d'une manière telle que tous ces bienfaits profitent seulement à quelques-uns[75] ». Cela remet sérieusement en cause les habitudes injustes d'une partie de l'humanité[76].

94. Le riche et le pauvre ont une égale dignité* parce que « le Seigneur les a faits tous les deux » (Pr 22, 2), « petits et grands, c'est lui qui les a faits » (Sg 6, 7), et « il fait lever son soleil sur les méchants et sur les bons » (Mt 5, 45). Cela a des conséquences pratiques, comme celles qu'ont énoncées les évêques du Para-

72. Lettre encyclique *Centesimus annus* (1er mai 1991), n° 31 : AAS 83, 1991, p. 831.
73. Lettre encyclique *Sollicitudo rei socialis* (30 décembre 1987), n° 33 : AAS 80, 1988, p. 557.
74. *Discours aux indigènes et paysans du Mexique*, Cuilapán (29 janvier 1979), n° 6 : AAS 71, 1979, p. 209.
75. *Homélie de la messe pour les agriculteurs à Recife*, Brésil (7 juillet 1980), n° 4 : AAS 72, 1980, p. 926.
76. Cf. *Message pour la journée mondiale de la Paix 1990*, n° 8 : AAS 82, 1990, p. 152.

guay : « Tout paysan a le droit naturel de posséder un lot de terre raisonnable, où il puisse établir sa demeure, travailler pour la subsistance de sa famille et avoir la sécurité de l'existence. Ce droit doit être garanti pour que son exercice ne soit pas illusoire mais réel. Cela signifie que, en plus du titre de propriété, le paysan doit compter sur les moyens d'éducation technique, sur des crédits, des assurances et la commercialisation[77]. »

95. L'environnement est un bien collectif, patrimoine de toute l'humanité, sous la responsabilité de tous. Celui qui s'approprie quelque chose, c'est seulement pour l'administrer pour le bien de tous. Si nous ne le faisons pas, nous chargeons notre conscience du poids de nier l'existence des autres. Pour cette raison, les évêques de Nouvelle-Zélande se sont demandé ce que le commandement « tu ne tueras pas » signifie quand « vingt pour cent de la population mondiale consomment les ressources de telle manière qu'ils volent aux nations pauvres*, et aux futures générations, ce dont elles ont besoin pour survivre[78] ».

VII. Le regard de Jésus

96. Jésus reprend la foi biblique au Dieu créateur et met en relief un fait fondamental : Dieu est Père (cf. Mt 11, 25). Dans les dialogues avec ses disciples, Jésus les invitait à reconnaître la relation paternelle que Dieu a avec toutes ses créatures, et leur rappelait, avec une émouvante tendresse, comment chacune d'elles est importante aux yeux de celui-ci : « Ne vend-on pas cinq passereaux pour deux as ? Et pas un d'entre eux n'est en oubli devant Dieu » (Lc 12, 6). « Regardez les oiseaux du ciel : ils

77. CONFÉRENCE ÉPISCOPALE PARAGUAYENNE, lettre pastorale *El campesino paraguayo y la tierra* (12 juin 1983), n° 2, 4, d.
78. CONFÉRENCE ÉPISCOPALE DE NOUVELLE-ZÉLANDE, *Statement on Environmental Issues*, Wellington (1er septembre 2006).

ne sèment ni ne moissonnent ni ne recueillent en des greniers, et votre Père céleste les nourrit» (Mt 6, 26).

97. Le Seigneur pouvait inviter les autres à être attentifs à la beauté qu'il y a dans le monde, parce qu'il était lui-même en contact permanent avec la nature et y prêtait une attention pleine d'affection et de stupéfaction. Quand il parcourait chaque coin de sa terre, il s'arrêtait pour contempler la beauté semée par son Père, et il invitait ses disciples à reconnaître dans les choses un message divin : «Levez les yeux et regardez les champs, ils sont blancs pour la moisson» (Jn 4, 35). «Le Royaume des Cieux est semblable à un grain de sénevé qu'un homme a pris et semé dans son champ. C'est bien la plus petite de toutes les graines, mais quand il a poussé, c'est la plus grande des plantes potagères, qui devient même un arbre» (Mt 13, 31-32).

98. Jésus vivait en pleine harmonie avec la création, et les autres s'en émerveillaient : «Quel est donc celui-ci pour que même la mer et les vents lui obéissent ?» (Mt 8, 27). Il n'apparaissait pas comme un ascète séparé du monde ou un ennemi des choses agréables de la vie. Il disait, se référant à lui-même : «Vient le Fils de l'homme, mangeant et buvant, et l'on dit : voilà un glouton et un ivrogne» (Mt 11, 19). Il était loin des philosophies qui dépréciaient le corps, la matière et les choses de ce monde. Cependant, ces dualismes[a] malsains en sont arrivés à avoir une influence importante chez certains penseurs chrétiens au long de l'histoire, et ont défiguré l'Évangile. Jésus travaillait

---

a. Invitation à dépasser un dualisme, trop fréquent chez les chrétiens, entre l'âme et le corps, valorisant le spirituel et considérant le social comme séparé, voire dangereux. Certes, la spiritualité est ce qui ouvre l'homme au sens de la vie, à la relation avec Dieu ; mais elle ne peut se traduire par le mépris ou le retrait de la création (même l'ascète vit sa recherche spirituelle à travers un rapport à son propre corps). Le pape parle de la charité qui passe à la fois par des gestes quotidiens et par la construction d'un monde meilleur (231). Il souligne que même le culte (les sacrements) n'est pas sans rapport avec la nature et notre présence au monde (235).

de ses mains, au contact direct quotidien avec la matière créée par Dieu pour lui donner forme avec son habileté d'artisan. Il est frappant que la plus grande partie de sa vie ait été consacrée à cette tâche, dans une existence simple qui ne suscitait aucune admiration. « N'est-il pas le charpentier, le fils de Marie ? » (Mc 6, 3). Il a sanctifié de cette manière le travail* et lui a conféré une valeur particulière pour notre maturation. Saint Jean-Paul II enseignait qu'« en supportant la peine du travail* en union avec le Christ crucifié pour nous, l'homme collabore en quelque manière avec le Fils de Dieu à la Rédemption[79] ».

99. Pour la compréhension chrétienne de la réalité, le destin de toute la création passe par le mystère du Christ, qui est présent depuis l'origine de toutes choses : « Tout est créé par lui et pour lui » (Col 1, 16)[80]. Le Prologue de l'Évangile de Jean (1, 1-18) montre l'activité créatrice du Christ comme Parole divine (*Logos*). Mais ce prologue surprend en affirmant que cette Parole « s'est faite chair » (Jn 1, 14). Une Personne de la Trinité s'est insérée dans le cosmos créé, en y liant son sort jusqu'à la croix. Dès le commencement du monde, mais de manière particulière depuis l'Incarnation, le mystère du Christ opère secrètement dans l'ensemble de la réalité naturelle, sans pour autant en affecter l'autonomie.

100. Le Nouveau Testament ne nous parle pas seulement de Jésus terrestre et de sa relation si concrète et aimable avec le monde. Il le montre aussi comme ressuscité et glorieux, présent dans toute la création par sa Seigneurie universelle : « Dieu s'est plu à faire habiter en lui toute plénitude et par lui à réconcilier tous les êtres pour lui, aussi bien sur la terre que dans les cieux, en faisant la paix par le sang de sa croix » (Col 1, 19-20). Cela

79. Lettre encyclique *Laborem exercens* (14 sep. 1981), n° 27 : AAS 73, 1981, p. 645.

80. Pour cette raison, saint Justin a pu parler de « semences du Verbe » dans le monde : cf. *II Apologia*, 8, 1-2 ; 13, 3-6 : PG 6, col. 457-458 ; 467.

nous projette à la fin des temps, quand le Fils remettra toutes choses au Père et que « Dieu sera tout en tous » (1 Co 15, 28). De cette manière, les créatures de ce monde ne se présentent plus à nous comme une réalité purement naturelle, parce que le Ressuscité les enveloppe mystérieusement et les oriente vers un destin de plénitude. Même les fleurs des champs et les oiseaux, qu'émerveillé il a contemplés de ses yeux humains, sont maintenant remplis de sa présence lumineuse.

Questions pédagogiques

- La dignité de l'être humain est soulignée par toute la tradition de l'Église. Vatican II a remis ce thème en valeur, en particulier dans la constitution *Gaudium et spes* (surtout 12 à 16). L'encyclique conserve cette insistance, mais avec quelques nuances. On pourra comparer les textes, en particulier 65 et 78-81.
- La relation entre l'homme et la nature. Relever dans le texte de l'encyclique les mots qui qualifient une relation positive, harmonieuse, fructueuse, entre ces deux composantes du monde; puis ceux qui, à l'inverse, qualifient une relation mauvaise.
- La valeur propre des créatures. De nombreuses références sont faites aux psaumes, en particulier 24, 33, 104, 136 et 148. On pourra relire ces psaumes pour mettre en œuvre une contemplation de la création. On pourra compléter par les psaumes 8, 19, 65 et 97.

TROISIÈME CHAPITRE

LA RACINE HUMAINE DE LA CRISE ÉCOLOGIQUE

UN ANTHROPOMORPHISME DÉVIÉ

Ce troisième chapitre est consacré à explorer les racines de la crise écologique dont les symptômes ont été présentés au premier chapitre.

La valeur positive de la technique et de la techno-science — le couplage contemporain entre techniques et sciences — est tout d'abord présentée comme «produit de la créativité humaine», «don de Dieu», utile à l'humanité, créatrice de beauté (102-103). Mais la techno-science, par sa puissance et son impact sur la vie humaine, doit être soumise à une évaluation éthique rigoureuse qui se libère des «prétendues nécessités» du progrès, de l'utilité et de la sécurité (104-105).

Sur toute la planète s'est imposé un paradigme technocratique de domination de la nature et des sociétés, qui détourne la techno-science de sa positivité, asservissant l'économie et la politique à son seul profit (109). Omniprésent, ce paradigme conditionne jusqu'à nos modes de penser et de vivre. Pour résister aux soi-disant évidences du progrès et de la croissance illimitée, la philosophie et l'éthique sociale sont précieuses, de même que l'écologie comme «style de vie» (111) et toutes les expériences locales qui développent des manières moins polluantes de produire et de vivre (112).

La racine principale de la crise écologique actuelle est un anthropocentrisme déviant, qui a mis au-dessus de tout la raison technique et la domination sur la nature, au détriment de la terre et des êtres humains les plus fragiles (115-117). Mais un « bio-centrisme » qui accorde à tous les êtres vivants une valeur égale n'est pas une réponse adéquate, car il minimise la place et la responsabilité particulières de l'homme dans la nature (118). Une nouvelle synthèse anthropologique est à développer qui prenne mieux en compte conjointement la nature et les plus faibles (121). L'alliance actuelle de cet anthropocentrisme déviant avec un relativisme pratique, centré sur le bien-être personnel immédiat, fait perdre de vue la finalité de l'humanité et la relation liant la qualité des relations humaines et le souci de la terre (122).

Ainsi, le travail, participation à la création de Dieu, est essentiel dans le développement humain vers un plus grand souci d'autrui et de la terre. L'accès universel au travail est donc une priorité pour tous, alors que le paradigme technocratique en relativise l'importance et se satisfait d'un chômage de masse (124-128). En particulier, le soutien aux productions agricoles locales, économes et durables, face à la pression d'une agriculture intensive promue par le paradigme technocratique, permet de favoriser « la diversité productive et la créativité entrepreneuriale » (129).

L'innovation biologique issue de la recherche doit elle aussi être soumise à une évaluation éthique afin, par exemple, de limiter l'expérimentation animale ou de bien peser les conséquences de la production de graines OGM par quelques entreprises au détriment de la biodiversité et des productions locales (130-136).

Éric Charmetant

101. Il ne sert à rien de décrire les symptômes de la crise écologique, si nous n'en reconnaissons pas la racine humaine. Il y a une manière de comprendre la vie et l'activité humaine qui a dévié et qui contredit la réalité jusqu'à lui nuire. Pourquoi ne pouvons-nous pas nous arrêter pour y penser ? Dans cette réflexion, je propose que nous nous concentrions sur le paradigme technocratique* dominant ainsi que sur la place de l'être humain et de son action dans le monde.

I. La technologie : créativité et pouvoir

102. L'humanité est entrée dans une ère nouvelle où le pouvoir technologique nous met à la croisée des chemins. Nous sommes les héritiers de deux siècles d'énormes vagues de changement : la machine à vapeur, le chemin de fer, le télégraphe, l'électricité, l'automobile, l'avion, les industries chimiques, la médecine moderne, l'informatique, et, plus récemment, la révolution digitale, la robotique, les biotechnologies et les nanotechnologies. Il est juste de se réjouir face à ces progrès, et de s'enthousiasmer devant les grandes possibilités que nous ouvrent ces constantes nouveautés, parce que « la science et la technologie sont un produit merveilleux de la créativité humaine, ce don de Dieu[81] ». La modification de la nature à des fins utiles est

81. JEAN-PAUL II, *Discours aux représentants des hommes de la science, de la culture et des hautes études à l'Université des Nations unies*, Hiroshima (25 février 1981), n° 3 : AAS 73, 1981, p. 422.

une caractéristique de l'humanité depuis ses débuts, et ainsi la technique « exprime la tendance de l'esprit humain au dépassement progressif de certains conditionnements matériels[82] ». La technologie a porté remède à d'innombrables maux qui nuisaient à l'être humain et le limitaient. Nous ne pouvons pas ne pas valoriser ni apprécier le progrès technique, surtout dans la médecine, l'ingénierie et les communications. Et comment ne pas reconnaître tous les efforts de beaucoup de scientifiques et de techniciens qui ont apporté des alternatives pour un développement durable ?

103. La techno-science[a], bien orientée, non seulement peut produire des choses réellement précieuses pour améliorer la qualité de vie de l'être humain, depuis les objets usuels pour la maison jusqu'aux grands moyens de transports, ponts, édifices, lieux publics, mais encore est capable de produire du beau et de « projeter » dans le domaine de la beauté l'être humain immergé dans le monde matériel. Peut-on nier la beauté d'un avion, ou de certains gratte-ciel ? Il y a de belles œuvres picturales et musicales réalisées grâce à l'utilisation de nouveaux instruments techniques. Ainsi, dans la recherche de la beauté de la part de celui qui produit la technique, et en celui qui contemple cette beauté, se réalise un saut vers une certaine plénitude proprement humaine.

82. Benoît XVI, lettre encyclique *Caritas in veritate* (29 juin 2009), n° 69 : AAS 101, 2009, p. 702.

---

a. Le mot *techno-science* est apparu initialement en anglais en 1960 dans le cadre d'une réflexion politique critique sur les recherches militaro-industrielles américaines. Au milieu des années 1970, le philosophe belge Gilbert Hottois reprend le mot, en soulignant la dimension très « opératoire » des sciences contemporaines ainsi que leur indissociabilité d'avec les techniques. Le terme a été aussi largement utilisé, dans les milieux technophobes, pour critiquer la science moderne qui ne penserait pas et conduirait à la déshumanisation. Dans l'encyclique, le terme qualifie l'interrelation indissociable et féconde des sciences et des techniques contemporaines.

104. Mais nous ne pouvons pas ignorer que l'énergie nucléaire[a], la biotechnologie, l'informatique, la connaissance de notre propre ADN et d'autres capacités que nous avons acquises, nous donnent un terrible pouvoir. Mieux, elles donnent à ceux qui ont la connaissance, et surtout le pouvoir économique d'en faire usage, une emprise impressionnante sur l'ensemble de l'humanité et sur le monde entier. Jamais l'humanité n'a eu autant de pouvoir sur elle-même et rien ne garantit qu'elle s'en servira toujours bien, surtout si l'on considère la manière dont elle est en train de l'utiliser. Il suffit de se souvenir des bombes atomiques lancées en plein XXᵉ siècle, comme du grand déploiement technologique étalé par le nazisme, par le communisme et par d'autres régimes totalitaires au service de l'extermination de millions de personnes, sans oublier qu'aujourd'hui la guerre possède des instruments toujours plus mortifères. En quelles mains se trouve et pourrait se trouver tant de pouvoir ? Il est terriblement risqué qu'il réside en une petite partie de l'humanité.

105. On a tendance à croire « que tout accroissement de puissance est en soi "progrès", un degré plus haut de sécurité, d'utilité, de bien-être, de force vitale, de plénitude des valeurs[83] », comme si la réalité, le bien et la vérité surgissaient

83. Romano GUARDINI, *Das Ende der Neuzeit*, Werkbund Verlag, Würzburg, 1965, p. 87 (édition française : *La fin des temps modernes*, Seuil, Paris, 1952, p. 92 ; par la suite éd. fr.)[b].

a. C'est la seule allusion dans l'encyclique à l'énergie nucléaire qui, comme la biotechnologie ou les manipulations génétiques, entend faire place à un pouvoir sans limites — « terrible » — sur la nature. Mais le texte évoque surtout son utilisation à des fins militaires, mais non la question de son utilisation comme source d'énergie.

b. Théologien catholique d'origine italienne, Romano Guardini (1886-1968) a beaucoup marqué l'Église catholique allemande et le concile Vatican II. Sa critique vigoureuse du nazisme provoqua son éviction de l'université de Berlin. L'encyclique cite à cinq reprises son livre *La fin des temps modernes* (1950) qui analyse les changements dans la manière de vivre son humanité

spontanément du pouvoir technologique et économique lui-même. Le fait est que « l'homme moderne n'a pas reçu l'éducation nécessaire pour faire un bon usage de son pouvoir[84] », parce que l'immense progrès technologique n'a pas été accompagné d'un développement de l'être humain en responsabilité, en valeurs, en conscience. Chaque époque tend à développer peu d'auto-conscience de ses propres limites*. C'est pourquoi, il est possible qu'aujourd'hui l'humanité ne se rende pas compte de la gravité des défis qui se présentent, et « que la possibilité devienne sans cesse plus grande pour l'homme de mal utiliser sa puissance » quand « existent non pas des normes de liberté, mais de prétendues nécessités : l'utilité et la sécurité[85] ». L'être humain n'est pas pleinement autonome. Sa liberté est affectée quand elle se livre aux forces aveugles de l'inconscient, des nécessités immédiates, de l'égoïsme, de la violence. En ce sens, l'homme est nu, exposé à son propre pouvoir toujours grandissant, sans avoir les éléments pour le contrôler. Il peut disposer de mécanismes superficiels, mais nous pouvons affirmer qu'il lui manque aujourd'hui une éthique solide, une culture et une spiritualité qui le limitent réellement et le contiennent dans une abnégation lucide.

84. *Ibid.* (éd. fr. : p. 92).
85. *Ibid.*, p. 87-88 (éd. fr. : p. 93).

---

et la foi chrétienne à l'époque contemporaine, avec un rapport de maîtrise de la nature, le développement du pouvoir technique de l'homme et de sa responsabilité face à son mésusage, notamment dans les totalitarismes. Pour prolonger la réflexion amorcée par Guardini, on peut renvoyer aux réflexions de Hans Jonas (1903-1993) sur une éthique portant le souci des générations futures* et à la critique clairvoyante du « système technicien » par Jacques Ellul (1912-1994).

II. La globalisation du paradigme technocratique

106. Le problème fondamental est autre, encore plus profond : la manière dont l'humanité a, de fait, assumé la technologie et son développement *avec un paradigme homogène et unidimensionnel.* Une conception du sujet y est mise en relief qui, progressivement, dans le processus logique et rationnel, embrasse et ainsi possède l'objet qui se trouve à l'extérieur. Ce sujet se déploie dans l'élaboration de la méthode scientifique avec son expérimentation, qui est déjà explicitement une technique de possession, de domination et de transformation. C'est comme si le sujet se trouvait devant quelque chose d'informe, totalement disponible pour sa manipulation. L'intervention humaine sur la nature s'est toujours vérifiée, mais longtemps elle a eu comme caractéristique d'accompagner, de se plier aux possibilités qu'offrent les choses elles-mêmes. Il s'agissait de recevoir ce que la réalité naturelle permet de soi, comme en tendant la main. Maintenant, en revanche, ce qui intéresse c'est d'extraire tout ce qui est possible des choses par l'imposition de la main de l'être humain, qui tend à ignorer ou à oublier la réalité même de ce qu'il a devant lui. Voilà pourquoi l'être humain et les choses ont cessé de se tendre amicalement la main pour entrer en opposition. De là, on en vient facilement à l'idée d'une croissance infinie ou illimitée*, qui a enthousiasmé beaucoup d'économistes, de financiers et de technologues. Cela suppose le mensonge de la disponibilité infinie des biens de la planète, qui conduit à la « presser » jusqu'aux limites* et même au-delà des limites*. C'est le faux présupposé « qu'il existe une quantité illimitée d'énergie et de ressources à utiliser, que leur régénération est possible dans l'immédiat et que les effets négatifs des manipulations de l'ordre naturel peuvent être facilement absorbés[86] ».

107. On peut dire, par conséquent, qu'à l'origine de beaucoup de difficultés du monde actuel, il y a avant tout la tendance, pas toujours consciente, à faire de la méthodologie et des objectifs de la techno-science un paradigme de compréhension qui conditionne la vie des personnes et le fonctionnement de la société. Les effets de l'application de ce moule à toute la réalité, humaine et sociale, se constatent dans la dégradation de l'environnement, mais cela est seulement un signe du réductionnisme qui affecte la vie humaine et la société dans toutes leurs dimensions. Il faut reconnaître que les objets produits par la technique ne sont pas neutres, parce qu'ils créent un cadre qui finit par conditionner les styles de vie, et orientent les possibilités sociales dans la ligne des intérêts de groupes de pouvoir déterminés. Certains choix qui paraissent purement instrumentaux sont, en réalité, des choix sur le type de vie sociale que l'on veut développer.

108. Il n'est pas permis de penser qu'il est possible de défendre un autre paradigme culturel, et de se servir de la technique comme d'un pur instrument, parce qu'aujourd'hui le paradigme technocratique* est devenu tellement dominant qu'il est très difficile de faire abstraction de ses ressources, et il est encore plus difficile de les utiliser sans être dominé par leur logique. C'est devenu une contre-culture de choisir un style de vie avec des objectifs qui peuvent être, au moins en partie, indépendants de la technique, de ses coûts, comme de son pouvoir de globalisation et de massification. De fait, la technique a un penchant pour chercher à tout englober dans sa logique de fer, et l'homme qui possède la technique « sait que, en dernière analyse, ce qui est en jeu dans la technique, ce n'est ni l'utilité, ni le

86. Conseil pontifical Justice et Paix, *Compendium de la Doctrine sociale de l'Église*, n° 462.

bien-être, mais la domination : une domination au sens le plus extrême de ce terme[87] ». Et c'est pourquoi « il cherche à saisir les éléments de la nature comme ceux de l'existence humaine[88] ». La capacité de décision, la liberté la plus authentique et l'espace pour une créativité alternative des individus, sont réduits.

109. Le paradigme technocratique* tend aussi à exercer son emprise sur l'économie et la politique. L'économie assume tout le développement technologique en fonction du profit, sans prêter attention à d'éventuelles conséquences négatives pour l'être humain. Les finances étouffent l'économie réelle. Les leçons de la crise financière* mondiale n'ont pas été retenues, et on prend en compte les leçons de la détérioration de l'environnement avec beaucoup de lenteur. Dans certains cercles on soutient que l'économie actuelle et la technologie résoudront tous les problèmes environnementaux. De même on affirme, en langage peu académique, que les problèmes de la faim et de la misère dans le monde auront une solution simplement grâce à la croissance* du marché. Ce n'est pas une question de validité de théories économiques, que peut-être personne aujourd'hui n'ose défendre, mais de leur installation de fait dans le développement de l'économie. Ceux qui n'affirment pas cela en paroles le soutiennent dans les faits quand une juste dimension de la production, une meilleure répartition des richesses, une sauvegarde responsable de l'environnement et les droits des générations futures* ne semblent pas les préoccuper. Par leurs comportements, ils indiquent que l'objectif de maximiser les bénéfices est suffisant. Mais le marché ne garantit pas en soi le développement humain intégral* ni l'inclusion sociale[89]. En

87. Romano GUARDINI, *Das Ende der Neuzeit*, p. 63-64 (éd. fr. : *La fin des temps modernes*, p. 68).
88. *Ibid.* (éd. fr. : p. 68).
89. Cf. BENOÎT XVI, lettre encyclique *Caritas in veritate* (29 juin 2009), n° 35 : AAS 101, 2009, p. 671.

attendant, nous avons un « surdéveloppement, où consommation et gaspillage vont de pair, ce qui contraste de façon inacceptable avec des situations permanentes de misère déshumanisante[90] » ; et les institutions économiques ainsi que les programmes sociaux qui permettraient aux plus pauvres* d'accéder régulièrement aux ressources de base ne se mettent pas en place assez rapidement. On n'a pas encore fini de prendre en compte les racines les plus profondes des dérèglements actuels qui sont en rapport avec l'orientation, les fins, le sens et le contexte social de la croissance* technologique et économique.

110. La spécialisation de la technologie elle-même implique une grande difficulté pour regarder l'ensemble. La fragmentation des savoirs sert dans la réalisation d'applications concrètes, mais elle amène en général à perdre le sens de la totalité, des relations* qui existent entre les choses, d'un horizon large qui devient sans importance. Cela même empêche de trouver des chemins adéquats pour résoudre les problèmes les plus complexes du monde actuel, surtout ceux de l'environnement et des pauvres*, qui ne peuvent pas être abordés d'un seul regard ou selon un seul type d'intérêts. Une science qui prétendrait offrir des solutions aux grandes questions devrait nécessairement prendre en compte tout ce qu'a produit la connaissance dans les autres domaines du savoir, y compris la philosophie et l'éthique sociale. Mais c'est une habitude difficile à prendre aujourd'hui. C'est pourquoi de véritables horizons éthiques de référence ne peuvent pas non plus être reconnus. La vie est en train d'être abandonnée aux circonstances conditionnées par la technique, comprise comme le principal moyen d'interpréter l'existence. Dans la réalité concrète qui nous interpelle, divers symptômes apparaissent qui montrent cette erreur, comme la dégradation de l'environnement, l'angoisse, la perte du sens de

90. *Ibid.*, n° 22 : p. 657.

la vie et de la cohabitation*. On voit ainsi, une fois de plus, que « la réalité est supérieure à l'idée[91] ».

111. La culture écologique ne peut pas se réduire à une série de réponses urgentes et partielles aux problèmes qui sont en train d'apparaître par rapport à la dégradation de l'environnement, à l'épuisement des réserves naturelles et à la pollution. Elle devrait être un regard différent, une pensée, une politique, un programme éducatif, un style de vie et une spiritualité qui constitueraient une résistance face à l'avancée du paradigme technocratique*. Autrement, même les meilleures initiatives écologiques peuvent finir par s'enfermer dans la même logique globalisée. Chercher seulement un remède technique à chaque problème environnemental qui surgit, c'est isoler des choses qui sont entrelacées dans la réalité, et c'est se cacher les vraies et plus profondes questions du système mondial.

112. Cependant, il est possible d'élargir de nouveau le regard, et la liberté humaine est capable de limiter la technique, de l'orienter, comme de la mettre au service d'un autre type de progrès, plus sain, plus humain, plus social, plus intégral*. La libération par rapport au paradigme technocratique* régnant a lieu, de fait, en certaines occasions, par exemple, quand des communautés de petits producteurs optent pour des systèmes de production moins polluants, en soutenant un mode de vie, de bonheur et de cohabitation* non consumériste ; ou bien quand la technique est orientée prioritairement pour résoudre les problèmes concrets des autres, avec la passion de les aider à vivre avec plus de dignité* et moins de souffrances ; de même quand l'intention créatrice du beau et sa contemplation arrivent à dépasser le pouvoir objectivant en une sorte de salut qui se réalise dans le beau et dans la personne qui le contemple. L'authentique humanité, qui invite à une nouvelle synthèse, semble habiter*

91. Exhortation apostolique *Evangelii gaudium* (24 novembre 2013), n° 231 : AAS 105, 2013, p. 1114.

au milieu de la civilisation technologique presque de manière imperceptible, comme le brouillard qui filtre sous une porte close. Serait-ce une promesse permanente, malgré tout, jaillissant comme une résistance obstinée de ce qui est authentique ?

113. D'autre part, les gens ne semblent plus croire en un avenir heureux, ils ne mettent pas aveuglément leur confiance dans un lendemain meilleur à partir des conditions actuelles du monde et des capacités techniques. Ils prennent conscience que les avancées de la science et de la technique ne sont pas équivalentes aux avancées de l'humanité et de l'histoire, et ils perçoivent que les chemins fondamentaux sont autres pour un avenir heureux. Cependant, ils ne s'imaginent pas pour autant renoncer aux possibilités qu'offre la technologie. L'humanité s'est profondément transformée, et l'accumulation des nouveautés continuelles consacre une fugacité qui nous mène dans une seule direction, à la surface des choses. Il devient difficile de nous arrêter pour retrouver la profondeur de la vie. S'il est vrai que l'architecture reflète l'esprit d'une époque, les mégastructures et les maisons en séries expriment l'esprit de la technique globalisée, où la nouveauté permanente des produits s'unit à un pesant ennui. Ne nous résignons pas à cela, et ne renonçons pas à nous interroger sur les fins et sur le sens de toute chose. Autrement, nous légitimerions la situation actuelle et nous aurions besoin de toujours plus de succédanés pour supporter le vide.

114. Ce qui arrive en ce moment nous met devant l'urgence d'avancer dans une révolution culturelle courageuse. La science et la technologie ne sont pas neutres, mais peuvent impliquer, du début à la fin d'un processus, diverses intentions et possibilités, et elles peuvent se configurer de différentes manières. Personne ne prétend vouloir retourner à l'époque des cavernes, cependant il est indispensable de ralentir la marche pour regarder la réalité d'une autre manière, recueillir les avancées positives et durables, et en même temps récupérer les valeurs et les grandes finalités qui ont été détruites par une frénésie mégalomane.

III. Crise et conséquences de l'anthropocentrisme moderne

115. L'anthropocentrisme* moderne, paradoxalement, a fini par mettre la raison technique au-dessus de la réalité, parce que l'être humain « n'a plus le sentiment ni que la nature soit une norme valable, ni qu'elle lui offre un refuge vivant. Il la voit sans suppositions préalables, objectivement, sous la forme d'un espace et d'une matière pour une œuvre où l'on jette tout, peu importe ce qui en résultera[92]. » De cette manière, la valeur que possède le monde en lui-même s'affaiblit. Mais si l'être humain ne redécouvre pas sa véritable place, il ne se comprend pas bien lui-même et finit par contredire sa propre réalité : « Non seulement la terre a été donnée par Dieu à l'homme, qui doit en faire usage dans le respect de l'intention primitive, bonne, dans laquelle elle a été donnée, mais l'homme, lui aussi, est donné par Dieu à lui-même et il doit donc respecter la structure naturelle et morale dont il a été doté[93]. »

116. Dans la modernité, il y a eu une grande démesure anthropocentrique qui, sous d'autres formes, continue aujourd'hui à nuire à toute référence commune et à toute tentative pour renforcer les liens sociaux. C'est pourquoi, le moment est venu de prêter de nouveau attention à la réalité avec les limites* qu'elle impose, et qui offrent à leur tour la possibilité d'un développement humain et social plus sain et plus fécond.

92. Romano GUARDINI, *Das Ende der Neuzeit*, p. 63 (éd. fr. : *La fin des temps modernes*, p. 68).
93. JEAN-PAUL II, lettre encyclique *Centesimus annus* (1er mai 1991), n° 38 : AAS 83, 1991, p. 841.

Une présentation inadéquate de l'anthropologie chrétienne a pu conduire à soutenir une conception erronée de la relation entre l'être humain et le monde. Un rêve prométhéen de domination sur le monde s'est souvent transmis, qui a donné l'impression que la sauvegarde de la nature est pour les faibles. La façon correcte d'interpréter le concept d'être humain comme « seigneur » de l'univers est plutôt celle de le considérer comme administrateur responsable[94].

117. Le manque de préoccupation pour mesurer les préjudices causés à la nature et l'impact environnemental des décisions est seulement le reflet le plus visible d'un désintérêt pour reconnaître le message que la nature porte inscrit dans ses structures mêmes. Quand on ne reconnaît pas, dans la réalité même, la valeur d'un pauvre, d'un embryon humain, d'une personne vivant une situation de handicap — pour prendre seulement quelques exemples — on écoutera difficilement les cris de la nature elle-même. Tout est lié. Si l'être humain se déclare autonome par rapport à la réalité et qu'il se pose en dominateur absolu, la base même de son existence s'écroule, parce qu'« au lieu de remplir son rôle de collaborateur de Dieu dans l'œuvre de la création, l'homme se substitue à Dieu et ainsi finit par provoquer la révolte de la nature[95] ».

118. Cette situation nous conduit à une schizophrénie permanente, qui va de l'exaltation technocratique qui ne reconnaît pas aux autres êtres une valeur propre*, à la réaction qui nie toute valeur particulière à l'être humain. Mais on ne peut pas faire abstraction de l'humanité. Il n'y aura pas de nouvelle relation avec la nature sans un être humain nouveau. Il n'y a

94. Cf. déclaration *Love for Creation. An Asian Response to the Ecological Crisis*, colloque organisé par la Fédération des conférences épiscopales d'Asie, Tagaytay (31 janvier - 5 février 1993), 3.3.2.

95. JEAN-PAUL II, lettre encyclique *Centesimus annus* (1er mai 1991), n° 37 : AAS 83, 1991, p. 840.

pas d'écologie sans anthropologie adéquate. Quand la personne humaine est considérée seulement comme un être parmi d'autres, qui procéderait des jeux du hasard ou d'un déterminisme physique, « la conscience de sa responsabilité risque de s'atténuer dans les esprits[96] ». Un anthropocentrisme* dévié ne doit pas nécessairement faire place à un « bio-centrisme[a] », parce que cela impliquerait d'introduire un nouveau déséquilibre qui, non seulement ne résoudrait pas les problèmes mais en ajouterait d'autres. On ne peut pas exiger de l'être humain un engagement respectueux envers le monde si on ne reconnaît pas et ne valorise pas en même temps ses capacités particulières de connaissance, de volonté, de liberté et de responsabilité.

119. La critique de l'anthropocentrisme* dévié ne devrait pas non plus faire passer au second plan la valeur des relations* entre les personnes. Si la crise écologique est l'éclosion ou une manifestation extérieure de la crise éthique, culturelle et spirituelle de la modernité, nous ne pouvons pas prétendre soigner notre relation à la nature et à l'environnement sans assainir toutes les relations fondamentales* de l'être humain. Quand la pensée chrétienne revendique une valeur particulière pour l'être humain supérieure à celle des autres créatures, cela donne lieu à une valorisation de chaque personne humaine, et entraîne la reconnaissance de l'autre. L'ouverture à un « tu » capable de connaître, d'aimer, et de dialoguer* continue d'être la grande noblesse de la personne humaine. C'est pourquoi, pour une relation convenable avec le monde créé, il n'est pas nécessaire

96. BENOÎT XVI, *Message pour la journée mondiale de la Paix 2010*, n° 2 : AAS 102, 2010, p. 41.

---

a. Le bio-centrisme est un courant des éthiques environnementales pour lequel toute vie a une valeur intrinsèque. Il conduit à des formes d'égalitarisme bio-centrique (défendu par le philosophe américain Paul Taylor) dans lesquelles la vie humaine n'a pas en soi plus de valeur que la vie d'autres êtres vivants.

d'affaiblir la dimension sociale de l'être humain ni sa dimension transcendante, son ouverture au « Tu » divin. En effet, on ne peut pas envisager une relation avec l'environnement isolée de la relation avec les autres personnes et avec Dieu. Ce serait un individualisme romantique, déguisé en beauté écologique, et un enfermement asphyxiant dans l'immanence.

120. Puisque tout est lié, la défense de la nature n'est pas compatible non plus avec la justification de l'avortement. Un chemin éducatif pour accueillir les personnes faibles de notre entourage, qui parfois dérangent et sont inopportunes, ne semble pas praticable si l'on ne protège pas l'embryon humain, même si sa venue cause de la gêne et des difficultés : « Si la sensibilité personnelle et sociale à l'accueil d'une nouvelle vie se perd, alors d'autres formes d'accueil utiles à la vie sociale se dessèchent[97]. »

121. Le développement d'une nouvelle synthèse qui dépasse les fausses dialectiques des derniers siècles reste en suspens. Le christianisme lui-même, en se maintenant fidèle à son identité et au trésor de vérité qu'il a reçu de Jésus-Christ, se repense toujours et se réexprime dans le dialogue* avec les nouvelles situations historiques, laissant apparaître ainsi son éternelle nouveauté[98].

Le relativisme pratique

122. Un anthropocentrisme* dévié donne lieu à un style de vie dévié. Dans l'exhortation apostolique *Evangelii gaudium*, j'ai fait référence au relativisme pratique qui caractérise notre époque, et qui est « encore plus dangereux que le relativisme

97. Id., lettre encyclique *Caritas in veritate* (29 juin 2009), n° 28 : AAS 101, 2009, p. 663.

98. Cf. Vincent de Lérins, *Commonitorium primum*, chap. 23 : PL 50, col. 668 : « *Ut annis scilicet consolidetur, dilatetur tempore, sublimetur aetate.* »

doctrinal[99] ». Quand l'être humain se met lui-même au centre, il finit par donner la priorité absolue à ses intérêts de circonstance, et tout le reste devient relatif. Par conséquent, il n'est pas étonnant que, avec l'omniprésence du paradigme technocratique* et le culte du pouvoir humain sans limites*, se développe chez les personnes ce relativisme dans lequel tout ce qui ne sert pas aux intérêts personnels immédiats est privé d'importance. Il y a en cela une logique qui permet de comprendre comment certaines attitudes, qui provoquent en même temps la dégradation de l'environnement et la dégradation sociale, s'alimentent mutuellement.

123. La culture du relativisme est la même pathologie qui pousse une personne à exploiter son prochain et à le traiter comme un pur objet, l'obligeant aux travaux forcés, ou en faisant de lui un esclave à cause d'une dette. C'est la même logique qui pousse à l'exploitation sexuelle des enfants ou à l'abandon des personnes âgées qui ne servent pas des intérêts personnels. C'est aussi la logique intérieure de celui qui dit : « Laissons les forces invisibles du marché réguler l'économie, parce que ses impacts sur la société et sur la nature sont des dommages inévitables. » S'il n'existe pas de vérités objectives ni de principes solides hors de la réalisation de projets personnels et de la satisfaction de nécessités immédiates, quelles limites* peuvent alors avoir la traite des êtres humains, la criminalité organisée, le narcotrafic, le commerce de diamants ensanglantés et de peaux d'animaux en voie d'extinction ? N'est-ce pas la même logique relativiste qui justifie l'achat d'organes des pauvres* dans le but de les vendre ou de les utiliser pour l'expérimentation, ou le rejet d'enfants parce qu'ils ne répondent pas au désir de leurs parents ? C'est la même logique du « utilise et jette », qui engendre tant de résidus, seulement à cause du désir désordonné de consommer

99. N° 80 : AAS 105, 2013, p. 1053.

plus qu'il n'est réellement nécessaire. Par conséquent, nous ne pouvons pas penser que les projets politiques et la force de la loi seront suffisants pour que soient évités les comportements qui affectent l'environnement, car, lorsque la culture se corrompt et qu'on ne reconnaît plus aucune vérité objective ni de principes universellement valables, les lois sont comprises uniquement comme des impositions arbitraires et comme des obstacles à contourner.

La nécessité de préserver le travail

124. Dans n'importe quelle approche d'une écologie intégrale* qui n'exclue pas l'être humain, il est indispensable d'incorporer la valeur du travail*, développée avec grande sagesse par saint Jean-Paul II dans son encyclique *Laborem exercens*. Rappelons que, selon le récit biblique de la création, Dieu a placé l'être humain dans le jardin à peine créé (cf. Gn 2, 15) non seulement pour préserver ce qui existe (protéger) mais aussi pour le travailler de manière à ce qu'il porte du fruit (labourer). Ainsi, les ouvriers et les artisans « assurent une création éternelle » (Si 38, 34). En réalité, l'intervention humaine qui vise le développement prudent du créé est la forme la plus adéquate d'en prendre soin, parce qu'elle implique de se considérer comme instrument de Dieu pour aider à faire apparaître les potentialités qu'il a lui-même mises dans les choses : « Le Seigneur a créé les plantes médicinales, l'homme avisé ne les méprise pas » (Si 38, 4).

125. Si nous essayons de considérer quelles sont les relations* adéquates de l'être humain avec le monde qui l'entoure, la nécessité d'une conception correcte du travail* émerge, car si nous parlons de la relation de l'être humain avec les choses, la question du sens et de la finalité de l'action humaine sur la réalité apparaît. Nous ne parlons pas seulement du travail manuel ou du travail de la terre, mais de toute activité qui implique quelque transformation de ce qui existe, depuis l'élaboration d'une étude sociale jusqu'au projet de développement technologique. N'importe quelle forme de travail suppose une conception d'une relation* que l'être humain peut ou doit établir avec son semblable. La spiritualité chrétienne, avec l'admiration contemplative des créatures que nous trouvons chez saint François d'Assise, a développé aussi une riche et saine compréhension du travail, comme nous pouvons le voir, par exemple, dans la vie du bienheureux Charles de Foucauld et de ses disciples.

126. Recueillons aussi quelque chose de la longue tradition du monachisme. Au commencement, il favorisait, d'une certaine manière, la fuite du monde, essayant d'échapper à la décadence urbaine. Voilà pourquoi les moines cherchaient le désert, convaincus que c'était le lieu propice pour reconnaître la présence de Dieu. Plus tard, saint Benoît de Nurcie a proposé que ses moines vivent en communauté, alliant la prière et la lecture au travail* manuel (*ora et labora*). Cette introduction du travail manuel, imprégné de sens spirituel, était révolutionnaire. On a appris à chercher la maturation et la sanctification dans la compénétration du recueillement et du travail. Cette manière de vivre le travail nous rend plus attentifs et plus respectueux de l'environnement, elle imprègne de saine sobriété notre relation au monde.

127. Nous disons que « l'homme est l'auteur, le centre et le but de toute la vie économico-sociale[100] ». Malgré cela, quand la capacité de contempler et de respecter est détériorée chez l'être humain, les conditions sont créées pour que le sens du travail* soit défiguré[101]. Il faut toujours se rappeler que l'être humain

100. CONCILE ŒCUMÉNIQUE VATICAN II, constitution pastorale *Gaudium et spes*, sur l'Église dans le monde de ce temps, n° 63.

101. Cf. JEAN-PAUL II, lettre encyclique *Centesimus annus* (1er mai 1991), n° 37 : AAS 83, 1991, p. 840.

est « capable d'être lui-même l'agent responsable de son mieux-être matériel, de son progrès moral, et de son épanouissement spirituel[102] ». Le travail devrait être le lieu de ce développement personnel multiple où plusieurs dimensions de la vie sont en jeu : la créativité, la projection vers l'avenir, le développement des capacités, la mise en pratique de valeurs, la communication avec les autres, une attitude d'adoration. C'est pourquoi, dans la réalité sociale mondiale actuelle, au-delà des intérêts limités des entreprises et d'une rationalité économique discutable, il est nécessaire que « l'on continue *à se donner comme objectif prioritaire l'accès au travail*... pour tous[103] ».

128. Nous sommes appelés au travail* dès notre création. On ne doit pas chercher à ce que le progrès technologique remplace de plus en plus le travail humain, car ainsi l'humanité se dégraderait elle-même. Le travail est une nécessité, il fait partie du sens de la vie sur cette terre, chemin de maturation, de développement humain et de réalisation personnelle. Dans ce sens, aider les pauvres* avec de l'argent doit toujours être une solution provisoire pour affronter des urgences. Le grand objectif devrait toujours être de leur permettre d'avoir une vie digne par le travail. Mais l'orientation de l'économie a favorisé une sorte d'avancée technologique pour réduire les coûts de production par la diminution des postes de travail qui sont remplacés par des machines. C'est une illustration de plus de la façon dont l'action de l'être humain peut se retourner contre lui-même. La diminution des postes de travail « a aussi un impact négatif sur le plan économique à travers l'érosion progressive du "capital social", c'est-à-dire de cet ensemble de relations* de confiance, de fiabilité, de respect des règles indispensables à toute coexis-

102. Paul VI, lettre encyclique *Populorum progressio* (26 mars 1967), n° 34 : AAS 59, 1967, p. 274.

103. Benoît XVI, lettre encyclique *Caritas in veritate* (29 juin 2009), n° 32 : AAS 101, 2009, p. 666.

tence civile[104] ». En définitive, « *les coûts humains sont toujours aussi des coûts économiques*, et les dysfonctionnements économiques entraînent toujours des coûts humains[105] ». Cesser d'investir dans les personnes pour obtenir plus de profit immédiat est une très mauvaise affaire pour la société.

129. Pour qu'il continue d'être possible de donner du travail, il est impérieux de promouvoir une économie qui favorise la diversité productive[a] et la créativité entrepreneuriale. Par exemple, il y a une grande variété de systèmes alimentaires ruraux de petites dimensions qui continuent à alimenter la plus grande partie de la population mondiale, en utilisant une faible proportion du territoire et de l'eau, et en produisant peu de déchets, que ce soit sur de petites parcelles agricoles, vergers, ou grâce à la chasse, à la cueillette et la pêche artisanale, entre autres. Les économies d'échelle, spécialement dans le secteur agricole, finissent par forcer les petits agriculteurs à vendre leurs terres ou à abandonner leurs cultures traditionnelles. Les tentatives de certains pour développer d'autres formes de production plus diversifiées finissent par être vaines en raison des difficultés pour entrer sur les marchés régionaux et globaux, ou parce que l'infrastructure de vente et de transport est au service des grandes entreprises. Les autorités ont le droit et la responsabilité de prendre des mesures de soutien clair et ferme aux petits producteurs et à la variété de la production. Pour qu'il y ait une liberté économique dont tous puissent effectivement bénéfi-

104. *Ibid.*
105. *Ibid.*

a. L'encyclique souligne à de multiples reprises l'importance des modes de production permettant aux communautés locales de vivre dignement de leur travail* et d'en être maîtres face à la globalisation et à la concentration de la production dans les mains de quelques entreprises ou de quelques propriétaires. Elle rejoint le souci de la doctrine sociale de l'Église d'une participation active des communautés locales à la vie sociale, économique et politique, selon le principe de subsidiarité*.

cier, il peut parfois être nécessaire de mettre des limites* à ceux qui ont plus de moyens et de pouvoir financier*. Une liberté économique seulement déclamée, tandis que les conditions *réelles* empêchent beaucoup de pouvoir y accéder concrètement et que l'accès au travail se détériore, devient un discours contradictoire qui déshonore la politique. L'activité d'entreprise, qui est une vocation noble orientée à produire de la richesse et à améliorer le monde pour tous, peut être une manière très féconde de promouvoir la région où elle installe ses projets ; surtout si on comprend que la création de postes de travail est une partie incontournable de son service du bien commun*.

L'innovation biologique à partir de la recherche

130. Dans la vision philosophique et théologique de la création que j'ai cherché à proposer, il reste clair que la personne humaine, avec la particularité de sa raison et de sa science, n'est pas un facteur extérieur qui doit être totalement exclu. Cependant, même si l'être humain peut intervenir sur le monde végétal et animal et en faire usage quand c'est nécessaire pour sa vie, le *Catéchisme* enseigne que les expérimentations sur les animaux sont légitimes seulement « si elles restent dans des limites* raisonnables et contribuent à soigner ou sauver des vies humaines[106] ». Il rappelle avec fermeté que le pouvoir de l'homme a des limites et qu'« il est contraire à la dignité humaine* de faire souffrir inutilement les animaux et de gaspiller leurs vies[107] ». Toute utilisation ou expérimentation « exige un respect religieux de l'intégrité de la création[108] ».

131. Je veux recueillir ici la position équilibrée de saint Jean-Paul II, mettant en évidence les bienfaits des progrès scien-

106. *Catéchisme de l'Église catholique*, n° 2417.
107. *Ibid.*, n° 2418.
108. *Ibid.*, n° 2415.

tifiques et technologiques, qui « manifestent la noblesse de la vocation de l'homme à participer de manière responsable à l'action créatrice de Dieu dans le monde ». Mais en même temps il rappelait qu'« aucune intervention dans un domaine de l'écosystème ne peut se dispenser de prendre en considération ses conséquences dans d'autres domaines[109] ». Il soulignait que l'Église valorise l'apport de « l'étude et des applications de la biologie moléculaire, complétée par d'autres disciplines, comme la génétique et son application technologique dans l'agriculture et dans l'industrie[110] », même s'il affirme aussi que cela ne doit pas donner lieu à une « manipulation génétique menée sans discernement[111] » qui ignore les effets négatifs de ces interventions. Il n'est pas possible de freiner la créativité humaine. Si on ne peut interdire à un artiste de déployer sa capacité créatrice, on ne peut pas non plus inhiber ceux qui ont des dons spéciaux pour le développement scientifique et technologique, dont les capacités ont été données par Dieu pour le service des autres. En même temps, on ne peut pas cesser de préciser toujours davantage les objectifs, les effets, le contexte et les limites éthiques* de cette activité humaine qui est une forme de pouvoir comportant de hauts risques.

132. C'est dans ce cadre que devrait se situer toute réflexion autour de l'intervention humaine sur les végétaux et les animaux qui implique aujourd'hui des mutations génétiques générées par la biotechnologie, dans le but d'exploiter les possibilités présentes dans la réalité matérielle. Le respect de la foi envers la raison demande de prêter attention à ce que la science biologique elle-même, développée de manière indépendante par rapport aux intérêts économiques, peut enseigner sur

109. *Message pour la journée mondiale de la Paix 1990*, n° 6 : AAS 82, 1990, p. 150.
110. *Discours à l'Académie pontificale des sciences* (3 octobre 1981), n° 3 : *Insegnamenti* 4/2, 1981, p. 333.
111. *Message pour la journée mondiale de la Paix 1990*, n° 7 : AAS 82, 1990, p. 151.

les structures biologiques ainsi que sur leurs possibilités et leurs mutations. Quoi qu'il en soit, l'intervention légitime est celle qui agit sur la nature « pour l'aider à s'épanouir dans sa ligne, celle de la création, celle voulue par Dieu[112] ».

133. Il est difficile d'émettre un jugement général sur les développements de transgéniques (OGM), végétaux ou animaux, à des fins médicales ou agro-pastorales, puisqu'ils peuvent être très divers entre eux et nécessiter des considérations différentes. D'autre part, les risques ne sont pas toujours dus à la technique en soi, mais à son application inadaptée ou excessive. En réalité, les mutations génétiques ont été, et sont très souvent, produites par la nature elle-même. Même celles provoquées par l'intervention humaine ne sont pas un phénomène moderne. La domestication des animaux, le croisement des espèces et autres pratiques anciennes et universellement acceptées peuvent entrer dans ces considérations. Il faut rappeler que le début des développements scientifiques de céréales transgéniques a été l'observation d'une bactérie qui produit naturellement et spontanément une modification du génome d'un végétal. Mais dans la nature, ces processus ont un rythme lent qui n'est pas comparable à la rapidité qu'imposent les progrès technologiques actuels, même quand ces avancées font suite à un développement scientifique de plusieurs siècles.

134. Même en l'absence de preuves irréfutables du préjudice que pourraient causer les céréales transgéniques aux êtres humains, et même si, dans certaines régions, leur utilisation est à l'origine d'une croissance économique* qui a aidé à résoudre des problèmes, il y a des difficultés importantes qui ne doivent pas être relativisées. En de nombreux endroits, suite à l'introduction de ces cultures, on constate une concentration des terres productives entre les mains d'un petit nombre, due à « la dispa-

112. JEAN-PAUL II, *Discours à la 35e Assemblée générale de l'Association médicale mondiale* (29 octobre 1983), n° 6 : AAS 76, 1984, p. 394.

rition progressive des petits producteurs, qui, en conséquence de la perte de terres exploitables, se sont vus obligés de se retirer de la production directe[113] ». Les plus fragiles deviennent des travailleurs précaires, et beaucoup d'employés ruraux finissent par migrer dans de misérables implantations urbaines. L'extension de la surface de ces cultures détruit le réseau complexe des écosystèmes, diminue la diversité productive, et compromet le présent ainsi que l'avenir des économies régionales. Dans plusieurs pays, on perçoit une tendance au développement des oligopoles dans la production de grains et d'autres produits nécessaires à leur culture, et la dépendance s'aggrave encore avec la production de grains stériles qui finirait par obliger les paysans à en acheter aux entreprises productrices.

135. Sans doute, une attention constante, qui porte à considérer tous les aspects éthiques concernés, est nécessaire. Pour cela, il faut garantir une discussion scientifique et sociale qui soit responsable et large, capable de prendre en compte toute l'information disponible et d'appeler les choses par leur nom. Parfois, on ne met pas à disposition toute l'information, qui est sélectionnée selon les intérêts particuliers, qu'ils soient politiques, économiques ou idéologiques. De ce fait, il devient difficile d'avoir un jugement équilibré et prudent sur les diverses questions, en prenant en compte tous les paramètres pertinents. Il est nécessaire d'avoir des espaces de discussion où tous ceux qui, de quelque manière, pourraient être directement ou indirectement concernés (agriculteurs, consommateurs, autorités, scientifiques, producteurs de semences, populations voisines des champs traités, et autres) puissent exposer leurs problématiques ou accéder à l'information complète et fiable pour prendre des décisions en faveur du bien commun* présent et futur. Il s'agit d'une question d'environnement complexe dont

113. CONFÉRENCE ÉPISCOPALE D'ARGENTINE : COMMISSION DE PASTORALE SOCIALE, *Una tierra para todos* (juin 2005), n° 19.

le traitement exige un regard intégral* sous tous ses aspects, et cela requiert au moins un plus grand effort pour financer les diverses lignes de recherche, autonomes et interdisciplinaires, en mesure d'apporter une lumière nouvelle.

136. D'autre part, il est préoccupant que certains mouvements écologistes qui défendent l'intégrité de l'environnement et exigent avec raison certaines limites* à la recherche scientifique, n'appliquent pas parfois ces mêmes principes à la vie humaine. En général, on justifie le dépassement de toutes les limites quand on fait des expérimentations sur les embryons humains vivants. On oublie que la valeur inaliénable de l'être humain va bien au-delà de son degré de développement. Du reste, quand la technique ignore les grands principes éthiques, elle finit par considérer comme légitime n'importe quelle pratique. Comme nous l'avons vu dans ce chapitre, la technique séparée de l'éthique sera difficilement capable d'autolimiter son propre pouvoir.

Questions pédagogiques

- Quel est mon regard sur la technique? Un don de Dieu, un lieu de beauté... ou plutôt un facteur d'asservissement?
- Comment est-ce que je comprends le « paradigme technocratique » dont parle l'encyclique? Quelle figure prend-il dans ma vie concrète?
- Comment est-ce que je réagis à l'insistance de l'encyclique sur l'importance du travail dans l'existence humaine?
- Comment est-ce que j'accueille ce souci de « la diversité productive » (129 et 134) dont parle l'encyclique, par opposition au mode intensif et technocratique de production agricole ou de biens de consommation?

QUATRIÈME CHAPITRE

UNE ÉCOLOGIE INTÉGRALE

PUISQUE TOUT EST LIÉ, IL FAUT TOUT INTÉGRER!

« Tout est lié » : l'expression sonne comme un refrain tout au long de l'encyclique. Au fil des chapitres, François égrène les interactions multiples entre les hommes, entre les hommes et la nature, entre les hommes et Dieu. Ce n'est pas un choix, c'est une donnée, c'est le réel : tout est lié. Ce « tout est lié », nous avons à l'observer, l'analyser, le contempler, l'accueillir et y consentir.

Et si « tout est lié », alors toute approche fragmentaire, partielle, qui ne prendrait en compte qu'un point de vue, est vouée à l'échec. La solution ne peut être qu'intégrale. Il faut « un regard plus intégral et plus intégrant ». Notons que le dialogue avec toutes les parties concernées, dont Dieu, relève de ce regard. Dieu n'a pas créé seulement les êtres humains et les organismes, il a créé les systèmes. Comprendre les écosystèmes, c'est donc comprendre un peu plus l'acte créateur de Dieu et son projet. L'habitation de l'homme dans les écosystèmes doit s'insérer dans la dynamique de la création divine.

Puisque la solution doit être intégrale, François intitule ce chapitre central « l'écologie intégrale ». Il ne faudrait pas trop vite se tourner vers des explications externes, encore moins des théories externes, pour comprendre ce dont il s'agit. En effet la doctrine sociale de l'Église se déploie en accueillant des données extérieures mais à partir de son propre socle. François construit le concept d'«écologie intégrale» dans la droite ligne du «développement intégral» cher au P. Louis Lebret et magistralement déployé par Paul VI en 1967 dans l'encyclique du développement, *Populorum progressio*: «Pour être authentique, le développement doit être intégral, c'est-à-dire promouvoir tout homme et tout l'homme» (14). En 2015, l'«écologie intégrale» est le nouveau nom du développement authentique. La question sociale du XIXe n'est plus seulement devenue la question mondiale du XXe, elle est aussi la question écologique du XXIe siècle.

Le concept d'écologie intégrale est donc construit par analogie avec celui de «développement intégral» et avec celui d'«évangélisation intégrale» cher à Jean-Paul II. Dans *La joie de l'Évangile*, François consacre tout un chapitre à la dimension sociale de l'évangélisation. L'écologie intégrale participe du projet global de Dieu pour l'homme et pour la terre: rendre présent dans le monde le royaume de Dieu.

L'écologie devient une manière d'habiter le monde. Aussi l'écologie intégrale se décline en ses composantes sociale, économique, culturelle, politique, quotidienne. La qualification d'intégrale constitue le concept englobant qui permet de se démarquer de toute école écologique précise. Elle convoque et provoque tous les chercheurs et tous les acteurs et assigne à chacun, et particulièrement aux pauvres, une place et une responsabilité incontournables pour le bien de tous.

Luc Dubrulle

137. Étant donné que tout est intimement lié, et que les problèmes actuels requièrent un regard qui tienne compte de tous les aspects de la crise mondiale, je propose à présent que nous nous arrêtions pour penser aux diverses composantes d'une *écologie intégrale**, qui a clairement des dimensions humaines et sociales.

I. L'écologie environnementale, économique et sociale

138. L'écologie étudie les relations* entre les organismes vivants et l'environnement où ceux-ci se développent. Cela demande de s'asseoir pour penser et pour discuter avec honnêteté des conditions de vie et de survie d'une société, pour remettre en question les modèles de développement, de production et de consommation. Il n'est pas superflu d'insister sur le fait que tout est lié. Le temps et l'espace ne sont pas indépendants l'un de l'autre, et même les atomes ou les particules sous-atomiques ne peuvent être considérés séparément. Tout comme les différentes composantes de la planète — physiques, chimiques et biologiques — sont reliées entre elles, de même les espèces vivantes constituent un réseau que nous n'avons pas encore fini d'identifier et de comprendre. Une bonne partie de notre information génétique est partagée par beaucoup d'êtres vivants. Voilà pourquoi les connaissances fragmentaires et isolées peuvent devenir une forme d'ignorance si elles refusent de s'intégrer dans une plus ample vision de la réalité.

139. Quand on parle d'«environnement», on désigne en particulier une relation, celle qui existe entre la nature et la société qui l'habite. Cela nous empêche de concevoir la nature comme séparée de nous ou comme un simple cadre de notre vie. Nous sommes inclus en elle, nous en sommes une partie, et nous sommes enchevêtrés avec elle. Les raisons pour lesquelles un endroit est pollué exigent une analyse du fonctionnement de la société, de son économie, de son comportement, de ses manières de comprendre la réalité. Étant donné l'ampleur des changements, il n'est plus possible de trouver une réponse spécifique et indépendante à chaque partie du problème. Il est fondamental de chercher des solutions intégrales[a] qui prennent en compte les interactions des systèmes naturels entre eux et avec les systèmes sociaux. Il n'y a pas deux crises séparées, l'une environnementale et l'autre sociale, mais une seule et complexe crise socio-environnementale. Les possibilités de solution requièrent une approche intégrale* pour combattre la pauvreté, pour rendre la dignité* aux exclus et simultanément pour préserver la nature.

140. À cause de la quantité et de la variété des éléments à prendre en compte, il devient indispensable, au moment de déterminer l'impact d'une initiative concrète sur l'environnement, de donner aux chercheurs un rôle prépondérant et de faciliter leur interaction[b], dans une grande liberté académique.

---

a. À la fin du XIX[e] siècle, la Doctrine sociale de l'Église s'est constituée en cherchant et proposant une «solution» à la «question sociale». Puisque la question sociale est devenue une question écologique intégrale, il faut chercher des «solutions intégrales». Ces solutions sont «intégrales» si elles prennent en compte les divers facteurs et s'élaborent dans une discussion ouverte.

b. L'intégralité de la question appelle l'intégralité de la recherche, donc son interdisciplinarité. Jean-Paul II, dans *Centesimus annus* (59), puis

Ces recherches constantes devraient permettre de reconnaître aussi comment les différentes créatures sont liées et constituent ces unités plus grandes qu'aujourd'hui nous nommons « écosystèmes ». Nous ne les prenons pas en compte seulement pour déterminer quelle est leur utilisation rationnelle, mais en raison de leur valeur intrinsèque indépendante de cette utilisation. Tout comme chaque organisme est bon et admirable, en soi, parce qu'il est une créature de Dieu, il en est de même de l'ensemble harmonieux d'organismes dans un espace déterminé, fonctionnant comme un système. Bien que nous n'en ayons pas conscience, nous dépendons de cet ensemble pour notre propre existence. Il faut rappeler que les écosystèmes interviennent dans la capture du dioxyde de carbone, dans la purification de l'eau, dans le contrôle des maladies et des épidémies, dans la formation du sol, dans la décomposition des déchets, et dans beaucoup d'autres services que nous oublions ou ignorons. Beaucoup de personnes, remarquant cela, recommencent à prendre conscience du fait que nous vivons et agissons à partir d'une réalité qui nous a été offerte au préalable, qui est antérieure à nos capacités et à notre existence. Voilà pourquoi, quand on parle d'une « utilisation durable », il faut toujours y inclure la capacité de régénération de chaque écosystème dans ses divers domaines et aspects.

141. Par ailleurs, la croissance économique* tend à produire des automatismes et à homogénéiser, en vue de simplifier les procédures et de réduire les coûts. C'est pourquoi une écologie économique[a] est nécessaire, capable d'obliger à consi-

---

Benoît XVI, dans *Caritas in veritate* (31), insistaient sur l'interdisciplinarité qu'appelle la doctrine sociale de l'Église. François insiste ici sur la provocation des chercheurs dans l'interaction et la liberté, raison d'être des universités (cf. *Ex cordae ecclesiae*, en particulier au n° 12 et note 15 sur la liberté académique).

a. Les concepts d'« écologie économique » et d'« économie écologique » se disputent et cherchent à se définir dans des écoles de pensée diverses. Ici,

dérer la réalité de manière plus ample. En effet, « la protection de l'environnement doit faire partie intégrante du processus de développement et ne peut être considérée isolément[114] ». Mais en même temps, devient actuelle la nécessité impérieuse de l'humanisme qui, en soi, fait appel aux différents savoirs, y compris à la science économique, pour un regard plus intégral* et plus intégrant. Aujourd'hui l'analyse des problèmes environnementaux est inséparable de l'analyse des contextes humains, familiaux, de travail, urbains, et de la relation de chaque personne avec elle-même qui génère une façon déterminée d'entrer en rapport avec les autres et avec l'environnement. Il y a une interaction entre les écosystèmes et entre les divers mondes de référence sociale, et ainsi, une fois de plus, il s'avère que « le tout est supérieur à la partie[115] ».

142. Si tout est lié, l'état des institutions d'une société a aussi des conséquences sur l'environnement et sur la qualité de vie humaine : « Toute atteinte à la solidarité et à l'amitié civique provoque des dommages à l'environnement[116]. » Dans ce sens, l'écologie sociale est nécessairement institutionnelle[b] et atteint progressivement les différentes dimensions qui vont du groupe

114. *Déclaration de Rio sur l'environnement et le développement* (14 juin 1992), Principe 4.

115. Exhortation apostolique *Evangelii gaudium* (24 novembre 2013), n° 237 : AAS 105, 2013, p. 1116[a].

116. Benoît XVI, lettre encyclique *Caritas in veritate* (29 juin 2009), n° 51 : AAS 101, 2009, p. 687.

---

il s'agit plus simplement de rapatrier l'économie à l'intérieur d'une vision d'écologie intégrale : l'écologie porte une dimension économique. Le point de vue économique fait partie du « regard plus intégral », à condition qu'il soit mis en relation avec les autres savoirs.

a. Voir la référence à deux autres principes de discernement : « Le temps est supérieur à l'espace » (178) et « L'unité est supérieure au conflit » (198).

b. L'expression « écologie politique » ne se trouve pas dans l'encyclique, sans doute pour éviter toute récupération proprement politicienne. Cependant, la dimension institutionnelle de l'écologie sociale, évoquée ici, en tient

social primaire, la famille, en passant par la communauté locale et la Nation, jusqu'à la vie internationale. À l'intérieur de chacun des niveaux sociaux et entre eux, se développent les institutions qui régulent les relations humaines*. Tout ce qui leur porte préjudice a des effets nocifs, comme la perte de la liberté, l'injustice et la violence. Divers pays s'alignent sur un niveau institutionnel précaire, au prix de la souffrance des populations et au bénéfice de ceux qui tirent profit de cet état des choses. Tant dans l'administration de l'État que dans les diverses expressions de la société civile, ou dans les relations entre citoyens, on constate très souvent des conduites éloignées des lois. Celles-ci peuvent être correctement écrites, mais restent ordinairement lettre morte. Peut-on alors espérer que la législation et les normes relatives à l'environnement soient réellement efficaces ? Nous savons, par exemple, que des pays dotés d'une législation claire pour la protection des forêts continuent d'être des témoins muets de la violation fréquente de ces lois. En outre, ce qui se passe dans une région exerce, directement ou indirectement, des influences sur les autres régions. Ainsi, par exemple, la consommation de narcotiques dans les sociétés opulentes provoque une demande constante ou croissante de ces produits provenant de régions appauvries, où les conduites se corrompent, des vies sont détruites et où l'environnement finit par se dégrader.

II. L'écologie culturelle

143. Il y a, avec le patrimoine naturel, un patrimoine historique, artistique et culturel, également menacé. Il fait partie de l'identité commune d'un lieu et il est une base pour construire

---

complètement lieu. L'écologie intégrale est aussi politique. Voir également cet aspect au chapitre suivant.

une ville habitable*. Il ne s'agit pas de détruire, ni de créer de nouvelles villes* soi-disant plus écologiques, où il ne fait pas toujours bon vivre. Il faut prendre en compte l'histoire, la culture et l'architecture d'un lieu, en maintenant son identité originale. Voilà pourquoi l'écologie suppose aussi la préservation des richesses culturelles de l'humanité au sens le plus large du terme. D'une manière plus directe, elle exige qu'on fasse attention aux cultures locales, lorsqu'on analyse les questions en rapport avec l'environnement, en faisant dialoguer* le langage scientifique et technique avec le langage populaire. C'est la culture, non seulement dans le sens des monuments du passé mais surtout dans son sens vivant, dynamique et participatif, qui ne peut pas être exclue lorsqu'on repense la relation de l'être humain avec l'environnement.

144. La vision consumériste de l'être humain, encouragée par les engrenages de l'économie globalisée actuelle, tend à homogénéiser les cultures et à affaiblir l'immense variété culturelle, qui est un trésor de l'humanité. C'est pourquoi prétendre résoudre toutes les difficultés à travers des réglementations uniformes ou des interventions techniques, conduit à négliger la complexité des problématiques locales qui requièrent l'intervention active des citoyens. Les nouveaux processus en cours ne peuvent pas toujours être incorporés dans des schémas établis de l'extérieur, mais ils doivent partir de la culture locale[a]

a. Le principe de subsidiarité* invite à donner toute sa place à l'échelon local, au territoire, qui représente un échelon important pour une « conversion communautaire » (219), pour développer les aspects essentiels afin d'imaginer des possibles : un écart par rapport à la société de consommation, l'expérience d'une vie commune, un rapport retrouvé à la nature. Pour le pape, ces pratiques collaboratives sont des signes d'espérance. Mais nous avons besoin de passeurs pour porter et incarner ces phénomènes sur la place publique. Le pape demande de faire attention aux cultures locales, non pas en les réduisant à un héritage du passé mais parce qu'elles sont un lien vivant, permettant une participation dynamique. Ce patrimoine culturel,

elle-même. Comme la vie et le monde sont dynamiques, la préservation du monde doit être flexible et dynamique. Les solutions purement techniques courent le risque de s'occuper des symptômes qui ne répondent pas aux problématiques les plus profondes. Il faut y inclure la perspective des droits des peuples et des cultures, et comprendre ainsi que le développement d'un groupe social suppose un processus historique dans un contexte culturel, et requiert de la part des acteurs sociaux locaux un engagement constant en première ligne, *à partir de leur propre culture*. Même la notion de qualité de vie ne peut être imposée, mais elle doit se concevoir à l'intérieur du monde des symboles et des habitudes propres à chaque groupe humain.

145. Beaucoup de formes hautement concentrées d'exploitation et de dégradation de l'environnement peuvent non seulement épuiser les ressources de subsistance locales, mais épuiser aussi les capacités sociales qui ont permis un mode de vie ayant donné, pendant longtemps, une identité culturelle ainsi qu'un sens de l'existence et de la cohabitation*. La disparition d'une culture peut être aussi grave ou plus grave que la disparition d'une espèce animale ou végétale. L'imposition d'un style de vie hégémonique lié à un mode de production peut être autant nuisible que l'altération des écosystèmes.

146. Dans ce sens, il est indispensable d'accorder une attention spéciale aux communautés aborigènes[a] et à leurs traditions culturelles. Elles ne constituent pas une simple mino-

aujourd'hui menacé, est un socle pour habiter ensemble, pour construire. On ne résoudra pas toutes les difficultés par des règlements uniformes : « La complexité des problématiques locales requiert l'intervention active des citoyens. » On doit toujours « partir de la culture locale » (114).

a. Le terme semble ici désigner l'ensemble des communautés traditionnelles qui habitent le lieu dont elles sont originaires. On peut penser que sont ici particulièrement visés les Indigènes d'Amazonie et les Aborigènes d'Australie, mais l'horizon de compréhension peut être largement étendu à l'Afrique et finalement aux cinq continents.

rité parmi d'autres, mais elles doivent devenir les principaux interlocuteurs, surtout lorsqu'on développe les grands projets qui affectent leurs espaces. En effet, la terre n'est pas pour ces communautés un bien économique, mais un don de Dieu et des ancêtres qui y reposent, un espace sacré avec lequel elles ont besoin d'interagir pour soutenir leur identité et leurs valeurs. Quand elles restent sur leurs territoires, ce sont précisément elles qui les préservent le mieux. Cependant, en diverses parties du monde, elles font l'objet de pressions pour abandonner leurs terres afin de les laisser libres pour des projets d'extraction ainsi que pour des projets agricoles et de la pêche, qui ne prêtent pas attention à la dégradation de la nature et de la culture.

III. L'écologie de la vie quotidienne

147. Pour parler d'un authentique développement il faut s'assurer qu'une amélioration intégrale* dans la qualité de vie humaine se réalise ; et cela implique d'analyser l'espace où vivent les personnes. Le cadre qui nous entoure influe sur notre manière de voir la vie, de sentir et d'agir. En même temps, dans notre chambre, dans notre maison, sur notre lieu de travail et dans notre quartier, nous utilisons l'environnement pour exprimer notre identité. Nous nous efforçons de nous adapter au milieu, et quand un environnement est désordonné, chaotique ou chargé de pollution visuelle et auditive, l'excès de stimulations nous met au défi d'essayer de construire une identité intégrée et heureuse.

148. La créativité et la générosité sont admirables de la part de personnes comme de groupes qui sont capables de transcender les limites* de l'environnement, en modifiant les effets négatifs des conditionnements et en apprenant à orienter leur vie au milieu du désordre et de la précarité. Par exemple, dans certains endroits où les façades des édifices sont très abîmées, il y a des personnes qui, avec beaucoup de dignité, prennent soin de l'intérieur de leurs logements, ou bien qui se sentent à l'aise en raison de la cordialité et de l'amitié des gens. La vie sociale positive et bénéfique des habitants répand une lumière sur un environnement apparemment défavorable. Parfois, l'écologie humaine*, que les pauvres* peuvent développer au milieu de tant de limitations, est louable. La sensation d'asphyxie, produite par l'entassement dans des résidences et dans des espaces à haute densité de population, est contrebalancée si des relations humaines* d'un voisinage convivial sont développées, si des communautés sont créées, si les limites* de l'environnement sont compensées dans chaque personne qui se sent incluse dans un réseau de communion et d'appartenance. De cette façon, n'importe quel endroit cesse d'être un enfer et devient le cadre d'une vie digne.

149. Il est aussi clair que l'extrême pénurie que l'on vit dans certains milieux qui manquent d'harmonie, d'espace et de possibilités d'intégration, facilite l'apparition de comportements inhumains et la manipulation des personnes par des organisations criminelles. Pour les habitants des quartiers très pauvres, le passage quotidien de l'entassement à l'anonymat social, qui se vit dans les grandes villes*, peut provoquer une sensation de déracinement qui favorise les conduites antisociales et la violence. Cependant, je veux insister sur le fait que l'amour est plus fort. Dans ces conditions, beaucoup de personnes sont capables de tisser des liens d'appartenance et de cohabitation*, qui transforment l'entassement en expérience communautaire où les murs du moi sont rompus et les barrières de l'égoïsme dépassées. C'est cette expérience de salut communautaire qui ordinairement suscite de la créativité pour améliorer un édifice ou un quartier[117].

150. Étant donné la corrélation entre l'espace et la conduite humaine, ceux qui conçoivent des édifices, des quartiers, des espaces publics et des villes, ont besoin de l'apport de diverses disciplines qui permettent de comprendre les processus, le symbolisme et les comportements des personnes. La recherche de la beauté de la conception ne suffit pas, parce qu'il est plus précieux encore de servir un autre type de beauté : la qualité de vie des personnes, leur adaptation à l'environnement, la rencontre et l'aide mutuelle. Voilà aussi pourquoi il est si important que les perspectives des citoyens complètent toujours l'analyse de la planification urbaine.

151. Il faut prendre soin des lieux publics, du cadre visuel et des signalisations urbaines qui accroissent notre sens d'appartenance, notre sensation d'enracinement, notre sentiment d'« être à la maison », dans la ville qui nous héberge et nous unit. Il est important que les différentes parties d'une ville soient bien intégrées et que les habitants puissent avoir une vision d'ensemble, au lieu de s'enfermer dans un quartier en se privant de vivre la ville tout entière comme un espace vraiment partagé avec les autres. Toute intervention dans le paysage urbain ou rural devrait considérer que les différents éléments d'un lieu forment un tout perçu par les habitants comme un cadre cohérent avec sa richesse de sens. Ainsi les autres cessent d'être des étrangers, et peuvent se sentir comme faisant partie d'un « nous » que nous construisons ensemble. Pour la même raison, tant dans l'environnement urbain que dans l'environnement rural,

117. Certains auteurs ont montré les valeurs qui souvent se vivent, par exemple, dans les « villas », bidonvilles* ou favelas de l'Amérique latine : cf. Juan Carlos SCANNONE, « La irrupción del pobre y la lógica de la gratuidad », dans Juan Carlos SCANNONE et Marcelo PERINE (éds), *Irrupción del pobre y quehacer filosófico. Hacia una nueva racionalidad*, Buenos Aires, 1993, p. 225-230.

il convient de préserver certains lieux où sont évitées les interventions humaines qui les modifient constamment.

152. Le manque de logements est grave dans de nombreuses parties du monde, tant dans les zones rurales que dans les grandes villes, parce que souvent les budgets étatiques couvrent seulement une petite partie de la demande. Non seulement les pauvres, mais aussi une grande partie de la société rencontrent de sérieuses difficultés pour accéder à son propre logement. La possession d'un logement est très étroitement liée à la dignité des personnes* et au développement des familles. C'est une question centrale de l'écologie humaine*. Si déjà des agglomérations chaotiques de maisons précaires se sont développées dans un lieu, il s'agit surtout d'urbaniser ces quartiers, non d'éradiquer et d'expulser. Quand les pauvres* vivent dans des banlieues polluées ou dans des agglomérations dangereuses, « si l'on doit procéder à leur déménagement [...], pour ne pas ajouter la souffrance à la souffrance, il est nécessaire de fournir une information adéquate et préalable, d'offrir des alternatives de logements dignes et d'impliquer directement les intéressés[118] ». En même temps, la créativité devrait amener à intégrer les quartiers précaires dans une ville accueillante : « Comme elles sont belles les villes qui dépassent la méfiance malsaine et intègrent ceux qui sont différents, et qui font de cette intégration un nouveau facteur de développement ! Comme elles sont belles les villes qui, même dans leur architecture, sont remplies d'espaces qui regroupent, mettent en relation et favorisent la reconnaissance de l'autre[119] ! »

153. La qualité de vie dans les villes* est étroitement liée au transport, qui est souvent une cause de grandes souffrances

118. CONSEIL PONTIFICAL JUSTICE ET PAIX, *Compendium de la Doctrine sociale de l'Église*, n° 482.

119. Exhortation apostolique *Evangelii gaudium* (24 novembre 2013), n° 210 : AAS 105, 2013, p. 1107.

pour les habitants. Dans les villes, circulent beaucoup d'automobiles utilisées seulement par une ou deux personnes, raison pour laquelle la circulation devient difficile, le niveau de pollution élevé, d'énormes quantités d'énergie non renouvelable sont consommées et la construction d'autoroutes supplémentaires se révèle nécessaire ainsi que des lieux de stationnement qui nuisent au tissu urbain. Beaucoup de spécialistes sont unanimes sur la nécessité d'accorder la priorité au transport public. Mais certaines mesures nécessaires seront à grand-peine acceptées pacifiquement par la société sans des améliorations substantielles de ce transport, qui, dans beaucoup de villes, est synonyme de traitement indigne infligé aux personnes à cause de l'entassement, de désagréments ou de la faible fréquence des services et de l'insécurité.

154. La reconnaissance de la dignité particulière* de l'être humain contraste bien des fois avec la vie chaotique que les personnes doivent mener dans nos villes*. Mais cela ne devrait pas détourner l'attention de l'état d'abandon et d'oubli dont souffrent aussi certains habitants des zones rurales, où les services essentiels n'arrivent pas, et où se trouvent des travailleurs réduits à des situations d'esclavage, sans droits ni perspectives d'une vie plus digne.

155. L'écologie humaine* implique aussi quelque chose de très profond : la relation de la vie de l'être humain avec la loi morale inscrite dans sa propre nature, relation nécessaire pour pouvoir créer un environnement plus digne. Benoît XVI affirmait qu'il existe une « écologie de l'homme[a] » parce que « l'homme aussi possède une nature qu'il doit respecter et qu'il

---

a. Après avoir élargi précédemment le concept, le pape François reprend ici l'écologie humaine dans la ligne de Benoît XVI, avec son lien à la loi naturelle. Il le fait dans un travail d'articulation entre l'écologie de l'homme et l'écologie du monde à partir de la création.

ne peut manipuler à volonté[120] ». Dans ce sens, il faut reconnaître que notre propre corps nous met en relation directe avec l'environnement et avec les autres êtres vivants. L'acceptation de son propre corps comme don de Dieu est nécessaire pour accueillir et pour accepter le monde tout entier comme don du Père et maison commune* ; tandis qu'une logique de domination sur son propre corps devient une logique, parfois subtile, de domination sur la création. Apprendre à recevoir son propre corps, à en prendre soin et à en respecter les significations, est essentiel pour une vraie écologie humaine. La valorisation de son propre corps dans sa féminité ou dans sa masculinité est aussi nécessaire pour pouvoir se reconnaître soi-même dans la rencontre avec celui qui est différent. De cette manière, il est possible d'accepter joyeusement le don spécifique de l'autre, homme ou femme, œuvre du Dieu créateur, et de s'enrichir réciproquement. Par conséquent, l'attitude qui prétend « effacer la différence sexuelle parce qu'elle ne sait plus s'y confronter[121] », n'est pas saine.

IV. Le principe du bien commun

156. L'écologie humaine est inséparable de la notion de bien commun*, un principe qui joue un rôle central et unificateur dans l'éthique sociale. C'est « l'ensemble des conditions sociales qui permettent, tant aux groupes qu'à chacun de leurs membres, d'atteindre leur perfection d'une façon plus totale et plus aisée[122] ».

120. *Discours au Deutscher Bundestag*, Berlin (22 septembre 2011) : AAS 103, 2011, p. 668.
121. *Catéchèse* (15 avril 2015) : OR (16 avril 2015), n° 16, p. 2.
122. Concile Œcuménique Vatican II, constitution pastorale *Gaudium et spes*, sur l'Église dans le monde de ce temps, n° 26.

157. Le bien commun* présuppose le respect de la personne humaine comme telle, avec des droits fondamentaux et inaliénables ordonnés à son développement intégral*. Le bien commun exige aussi le bien-être social et le développement des divers groupes intermédiaires, selon le principe de subsidiarité. Parmi ceux-ci, la famille se distingue spécialement comme cellule de base de la société. Finalement, le bien commun requiert la paix sociale, c'est-à-dire la stabilité et la sécurité d'un certain ordre, qui ne se réalise pas sans une attention particulière à la justice distributive, dont la violation génère toujours la violence. Toute la société — et en elle, d'une manière spéciale l'État, — a l'obligation de défendre et de promouvoir le bien commun.

158. Dans les conditions actuelles de la société mondiale, où il y a tant d'inégalités et où sont toujours plus nombreuses les personnes marginalisées, privées des droits humains fondamentaux, le principe du bien commun* devient immédiatement comme conséquence logique et inéluctable, un appel à la solidarité[a] et à une option préférentielle* pour les plus pauvres. Cette option implique de tirer les conséquences de la destination commune* des biens de la terre, mais, comme j'ai essayé de l'exprimer dans l'exhortation apostolique *Evangelii gaudium*[123], elle exige de considérer avant tout l'immense dignité* du pauvre à la lumière des convictions de foi les plus profondes. Il suffit de regarder la réalité pour comprendre que cette option est

123. Cf. n°s 186-201 : AAS 105, 2013, p. 1098-1105.

---

a. Dans la doctrine sociale de l'Église, le principe de solidarité va de pair avec celui de subsidiarité (cf. *Instruction sur liberté chrétienne et libération* 73). C'est le mot clé de l'encyclique de Jean-Paul II *Sollicitudo rei socialis* (1987). La solidarité invite à assurer la cohésion et le soutien mutuel des membres d'une communauté. Elle indique aussi que chacun doit contribuer avec ses semblables au bien commun de la société. S'opposant à l'individualisme, elle donne à la charité sa dimension collective et institutionnelle (SRS 40). *Laudato si'* l'évoque en lien avec le bien commun qui inclut jusqu'aux plus fragiles.

aujourd'hui une exigence éthique fondamentale pour la réalisation effective du bien commun[a].

V. La justice entre générations

159. La notion de bien commun* inclut aussi les générations futures*. Les crises économiques internationales ont montré de façon crue les effets nuisibles qu'entraîne la méconnaissance d'un destin commun, dont ceux qui viennent derrière nous ne peuvent pas être exclus. On ne peut plus parler de développement durable sans une solidarité intergénérationnelle. Quand nous pensons à la situation dans laquelle nous laissons la planète aux générations futures, nous entrons dans une autre logique, celle du don gratuit que nous recevons et que nous communiquons. Si la terre nous est donnée, nous ne pouvons plus penser seulement selon un critère utilitariste d'efficacité et de productivité pour le bénéfice individuel. Nous ne parlons pas d'une attitude optionnelle, mais d'une question fondamentale de justice, puisque la terre que nous recevons appartient aussi à ceux qui viendront[b]. Les évêques du Portugal ont exhorté à assumer ce devoir de justice : « L'environnement se situe dans la logique de la réception. C'est un prêt que chaque génération

---

a. La forte liaison établie ici entre option préférentielle pour les pauvres* et bien commun* est essentielle. Le bien commun est le bien de la communion de toutes les personnes. La pauvreté est une altération de la communion (Dt 15, 4 : « Qu'il n'y ait pas de pauvre chez toi ! » ; Ac 2 et 4 : « Nul parmi eux n'était dans le besoin »). Dans *La joie de l'Évangile*, François développe la nécessité de l'insertion sociale des pauvres.

b. Le principe de la destination universelle des biens*, tel qu'il est repris au 93, suffirait à fonder l'affirmation. S'y ajoute ici l'insertion dans une logique de grâce, de gratuité et donc de réception. Sur ce point, voir *Caritas in veritate* (34 *ssq.)*

reçoit et doit transmettre à la génération suivante[124]. » Une écologie intégrale* possède cette vision ample.

160. Quel genre de monde voulons-nous laisser à ceux qui nous succèdent, aux enfants qui grandissent ? Cette question ne concerne pas seulement l'environnement de manière isolée, parce qu'on ne peut pas poser la question de manière fragmentaire. Quand nous nous interrogeons sur le monde que nous voulons laisser, nous parlons surtout de son orientation générale, de son sens, de ses valeurs. Si cette question de fond n'est pas prise en compte, je ne crois pas que nos préoccupations écologiques puissent obtenir des effets significatifs. Mais si cette question est posée avec courage, elle nous conduit inexorablement à d'autres interrogations très directes : pour quoi passons-nous en ce monde, pour quoi venons-nous à cette vie, pour quoi travaillons-nous et luttons-nous, pour quoi cette terre a-t-elle besoin de nous ? C'est pourquoi, il ne suffit plus de dire que nous devons nous préoccuper des générations futures*. Il est nécessaire de réaliser que ce qui est en jeu, c'est notre propre dignité. Nous sommes, nous-mêmes, les premiers à avoir intérêt à laisser une planète habitable* à l'humanité qui nous succédera. C'est un drame pour nous-mêmes, parce que cela met en crise le sens de notre propre passage sur cette terre.

161. Les prévisions catastrophistes ne peuvent plus être considérées avec mépris ni ironie. Nous pourrions laisser trop de décombres, de déserts et de saletés aux prochaines générations. Le rythme de consommation, de gaspillage et de détérioration de l'environnement a dépassé les possibilités de la planète, à tel point que le style de vie actuel, parce qu'il est insoutenable, peut seulement conduire à des catastrophes, comme, de fait, cela arrive déjà périodiquement dans diverses régions. L'atténuation des effets de l'actuel déséquilibre dépend de ce que nous ferons

124. Conférence épiscopale portugaise, lettre pastorale *Responsabilidade solidária pelo bem comum* (15 septembre 2003), n° 20.

dans l'immédiat, surtout si nous pensons à la responsabilité que ceux qui devront supporter les pires conséquences nous attribueront.

162. La difficulté de prendre au sérieux ce défi est en rapport avec une détérioration éthique et culturelle, qui accompagne la détérioration écologique. L'homme et la femme du monde post-moderne courent le risque permanent de devenir profondément individualistes, et beaucoup de problèmes sociaux sont liés à la vision égoïste actuelle axée sur l'immédiateté, aux crises des liens familiaux et sociaux, aux difficultés de la reconnaissance de l'autre. Bien des fois, il y a une consommation des parents, immédiate et excessive, qui affecte leurs enfants, [lesquels ont] de plus en plus de difficultés pour acquérir une maison et pour fonder une famille[a]. En outre, notre incapacité à penser sérieusement aux générations futures* est liée à notre incapacité à élargir notre conception des intérêts actuels et à penser à ceux qui demeurent exclus du développement. Ne pensons pas seulement aux pauvres de l'avenir, souvenons-nous déjà des pauvres d'aujourd'hui, qui ont peu d'années de vie sur cette terre et ne peuvent pas continuer d'attendre. C'est pourquoi, « au-delà d'une loyale solidarité intergénérationnelle, l'urgente nécessité morale d'une *solidarité intra-générationnelle* renouvelée doit être réaffirmée[125] ».

125. Benoît XVI, *Message pour la journée mondiale de la Paix 2010*, n° 8 : AAS 102, 2010, p. 45.

a. NDE : L'idée de cette phrase est la suivante : Bien des fois, les parents, par leur consommation impulsive et excessive, peuvent affecter la vie de leurs enfants en augmentant leurs difficultés à acquérir une maison et à fonder une famille.

Questions pédagogiques

- Choisir le quartier ou le village de notre territoire qui semble le plus abîmé. Comment s'y déploie une «écologie humaine» telle qu'elle est définie au 148 et s'explicite au 149 ?
- Examinons notre ville. Quels sont les signes qui nous indiquent que nous sommes « à la maison » ? Quels aménagements permettraient la croissance d'un « nous » (151) ? Déploiement possible : organiser une rencontre avec des architectes, un responsable politique local, des habitants.
- « Quel genre de monde voulons-nous laisser à ceux qui nous succèdent, aux enfants qui grandissent ? »
- « Pour quoi passons-nous en ce monde, pour quoi venons-nous à cette vie, pour quoi travaillons-nous et luttons-nous, pour quoi cette terre a-t-elle besoin de nous ? » (160).

CINQUIÈME CHAPITRE

QUELQUES LIGNES D'ORIENTATION ET D'ACTION

LES VOIES D'UN DIALOGUE

Après avoir analysé la situation (chap. 1 et 3) et présenté les valeurs en jeu (chap. 2 et 4), le pape propose des lignes d'action (163-201). Nous y retrouvons le processus «voir-juger-agir» qui lui est cher.

L'approche est globale. L'engagement personnel est essentiel (cf. chap. 6). Mais, conjointement, l'action politique est indispensable, à tous niveaux : international (164-175), national et local (176-181).

Le pape insiste sur le dialogue — un dialogue dont il attend des résultats effectifs. Ainsi, sur le plan international, l'interdépendance des problèmes requiert «des formes efficaces de gestion internationale» : «Un consensus mondial devient indispensable» (164). À cet égard, s'il reconnaît qu'il existe plusieurs «expériences positives» (168), il déplore la «lenteur» de la politique, qui est «loin d'être à la hauteur des défis mondiaux» (165), le «manque de décision politique» (166), «la position des pays qui mettent leurs intérêts nationaux au-dessus du bien commun général» (169), «l'absence de mécanismes sévères de réglementation, de contrôle, de sanction» (174)... Comme ses prédécesseurs, il souhaite la «mise en place d'une véritable Autorité politique mondiale» (175). Mais, avec réalisme, il précise l'importance d'arriver sans tarder à des accords généraux, significatifs et efficaces.

Aux niveaux national, régional, municipal (176-181), le pouvoir politique a pour mission d'empêcher les mauvaises pratiques et d'encourager les bonnes, de stimuler la créativité, de faciliter les initiatives personnelles et collectives. Le texte se fait concret et incisif, mettant en avant «le bien commun à long terme» (178), les «accords entre populations voisines» (179), les «engagements progressifs contraignants» (180), la «continuité indispensable» (181).

À propos de la prise de décisions (182-188), le pape insiste sur le besoin de «processus politiques transparents et soumis au dialogue», avec participation des «habitants locaux» (183, 187), pour examiner ce qui offrira ou non «un véritable développement intégral» (185).

Le sous-titre IV, «Politique et économie en dialogue pour la plénitude humaine» (189-198), souligne l'ordre des priorités : «La politique ne doit pas se soumettre à l'économie et celle-ci ne doit pas se soumettre au paradigme d'efficacité de la technocratie», mais se mettre «au service de la vie, spécialement de la vie humaine» (189). Le lecteur y trouvera une mise en cause, forte mais réaliste, d'une «conception magique du marché» (190) et une proposition plus neuve mais tout aussi réaliste : «L'heure est venue d'accepter une certaine décroissance dans quelques parties du monde, mettant à disposition des ressources pour une saine croissance en d'autres parties» (193).

Le pape rappelle le rôle positif que les religions doivent jouer en dialogue avec les sciences, qui doivent elles-mêmes dialoguer davantage entre elles (199-201).

Notons la reprise de trois idées forces développées dans l'exhortation *La joie de l'Évangile*, qui méritent réflexion : «Le temps est supérieur à l'espace» (178), «l'unité est supérieure au conflit» (198) ; «la réalité est supérieure à l'idée» (200).

Guy Cossée de Maulde

163. J'ai cherché à analyser la situation actuelle de l'humanité, tant dans les fissures qui s'observent sur la planète que nous habitons, que dans les causes plus profondément humaines de la dégradation de l'environnement. Bien que cette observation de la réalité nous montre déjà en soi la nécessité d'un changement de direction, et nous suggère certaines actions, essayons à présent de tracer les grandes lignes de dialogue* à même de nous aider à sortir de la spirale d'autodestruction dans laquelle nous nous enfonçons.

I. Le dialogue sur l'environnement dans la politique internationale

164. Depuis la moitié du siècle dernier, après avoir surmonté beaucoup de difficultés, on a eu de plus en plus tendance à concevoir la planète comme une patrie, et l'humanité comme un peuple qui habite une maison commune*. Que le monde soit interdépendant ne signifie pas seulement comprendre que les conséquences préjudiciables des modes de vie, de production et de consommation affectent tout le monde, mais surtout faire en sorte que les solutions soient proposées dans une perspective globale, et pas seulement pour défendre les intérêts de certains pays. L'interdépendance nous oblige à penser à un monde unique, à un projet commun. Mais la même intelligence que l'on déploie pour un impressionnant développement technologique, ne parvient pas à trouver des formes efficaces de gestion internationale pour résoudre les graves difficultés environnementales et sociales. Pour affronter les problèmes de fond qui ne peuvent pas être résolus par les actions de pays isolés, un consensus mondial[a] devient indispensable, qui conduirait, par exemple, à programmer une agriculture durable et diversifiée, à développer des formes d'énergies renouvelables et peu polluantes, à promouvoir un meilleur rendement énergétique, une gestion plus adéquate des ressources forestières et marines, à assurer l'accès à l'eau potable pour tous.

165. Nous savons que la technologie reposant sur les combustibles fossiles très polluants — surtout le charbon, mais aussi le pétrole et, dans une moindre mesure, le gaz — a besoin d'être remplacée, progressivement et sans retard. Tant qu'il n'y aura pas un développement conséquent des énergies renouvelables, développement qui devrait être déjà en cours, il est légitime de choisir le moindre mal et de recourir à des solutions transitoires. Cependant, on ne parvient pas, dans la communauté internationale, à des accords suffisants sur la responsabilité de ceux qui doivent supporter les coûts de la transition énergétique. Ces dernières décennies, les questions d'environnement ont généré un large débat public qui a fait grandir dans la société civile des espaces pour de nombreux engagements et un généreux dévouement. La politique et l'entreprise réagissent avec

a. Fondé sur le respect des parties concernées, ce consensus est particulièrement difficile (188), mais « indispensable » en raison de l'interdépendance des problèmes de fond à résoudre (164). Cf. la requête d'une « véritable Autorité politique mondiale » (175) (voir au Glossaire). En attendant, les négociations internationales devraient avancer de manière plus significative, en ne mettant pas les « intérêts nationaux au-dessus du bien commun général » (169) et en prévoyant des mécanismes « de contrôle et de sanction » (167). — À l'échelon d'un pays ou d'un territoire, les *processus de prise de décision* (préparation et suivi) supposent un vrai dialogue « entre les différents acteurs sociaux », en particulier avec la participation des « habitants locaux » (183).

lenteur, loin d'être à la hauteur des défis mondiaux. En ce sens, alors que l'humanité de l'époque post-industrielle sera peut-être considérée comme l'une des plus irresponsables de l'histoire, il faut espérer que l'humanité du début du XXIe siècle pourra rester dans les mémoires pour avoir assumé avec générosité ses graves responsabilités.

166. Le mouvement écologique mondial a déjà fait un long parcours, enrichi par les efforts de nombreuses organisations de la société civile. Il n'est pas possible ici de les mentionner toutes, ni de retracer l'histoire de leurs apports. Mais grâce à un fort engagement, les questions environnementales ont été de plus en plus présentes dans l'agenda public et sont devenues une invitation constante à penser à long terme. Cependant, les Sommets mondiaux* de ces dernières années sur l'environnement n'ont pas répondu aux attentes parce que, par manque de décision politique, ils ne sont pas parvenus à des accords généraux, vraiment significatifs et efficaces, sur l'environnement.

167. Il convient de mettre l'accent sur le Sommet planète Terre, réuni en 1992 à Rio de Janeiro. Il y a été proclamé que « les êtres humains sont au centre des préoccupations relatives au développement durable[126] ». Reprenant des éléments de la Déclaration de Stockholm (1972), il a consacré la coopération internationale pour préserver l'écosystème de la terre entière, l'obligation pour celui qui pollue d'en assumer économiquement la charge, le devoir d'évaluer l'impact sur l'environnement de toute entreprise ou projet. Il a proposé comme objectif de stabiliser les concentrations de gaz à effet de serre dans l'atmosphère pour inverser la tendance au réchauffement global. Il a également élaboré un agenda avec un programme d'action et un accord sur la diversité biologique, il a déclaré des principes en matière de forêts. Même si ce Sommet a vraiment été innovateur

126. *Déclaration de Rio sur l'environnement et le développement* (14 juin 1992), Principe 1.

et prophétique pour son époque, les accords n'ont été que peu mis en œuvre parce qu'aucun mécanisme adéquat de contrôle, de révision périodique et de sanction en cas de manquement, n'avait été établi. Les principes énoncés demandent encore des moyens, efficaces et souples, de mise en œuvre pratique.

168. Parmi les expériences positives, on peut mentionner, par exemple, la Convention de Bâle sur le contrôle des mouvements transfrontaliers de déchets dangereux et leur élimination, avec un système de déclaration, de standards et de contrôles ; on peut citer également la Convention sur le commerce international des espèces de faune et de flore sauvages menacées d'extinction, qui inclut des missions de vérification de son respect effectif. Grâce à la Convention de Vienne pour la protection de la couche d'ozone, et sa mise en œuvre à travers le Protocole de Montréal et ses amendements, le problème de l'amincissement de cette couche semble être entré dans une phase de solution.

169. Pour ce qui est de la protection de la diversité biologique et en ce qui concerne la désertification, les avancées ont été beaucoup moins significatives. S'agissant du changement climatique, les avancées sont hélas très médiocres. La réduction des gaz à effet de serre exige honnêteté, courage et responsabilité, surtout de la part des pays les plus puissants et les plus polluants. La Conférence des Nations unies sur le développement durable, dénommée Rio+20 (Rio de Janeiro 2012), a émis un long et inefficace Document final. Les négociations internationales ne peuvent pas avancer de manière significative en raison de la position des pays qui mettent leurs intérêts nationaux au-dessus du bien commun* général. Ceux qui souffriront des conséquences que nous tentons de dissimuler rappelleront ce manque de conscience et de responsabilité. Alors que se préparait cette encyclique, le débat a atteint une intensité particulière. Nous, les croyants, nous ne pouvons pas cesser de demander à Dieu qu'il y ait des avancées positives dans les discussions actuelles, de manière à ce que les générations futures* ne souffrent pas des conséquences d'ajournements imprudents.

170. Certaines des stratégies de basse émission de gaz polluants cherchent l'internationalisation des coûts environnementaux, avec le risque d'imposer aux pays de moindres ressources de lourds engagements de réduction des émissions, comparables à ceux des pays les plus industrialisés. L'imposition de ces mesures porte préjudice aux pays qui ont le plus besoin de développement. Une nouvelle injustice est ainsi ajoutée sous couvert de protection de l'environnement. Comme toujours, le fil est rompu à son point le plus faible. Étant donné que les effets du changement climatique se feront sentir pendant longtemps, même si des mesures strictes sont prises maintenant, certains pays aux maigres ressources auront besoin d'aide pour s'adapter aux effets qui déjà se produisent et qui affectent leurs économies. Il reste vrai qu'il y a des responsabilités communes mais différenciées, simplement parce que, comme l'ont relevé les évêques de Bolivie, « les pays qui ont bénéficié d'un degré élevé d'industrialisation, au prix d'une énorme émission de gaz à effet de serre, ont une plus grande responsabilité dans l'apport de la solution aux problèmes qu'ils ont causés[127] ».

171. La stratégie d'achat et de vente de « crédits de carbone[a] » peut donner lieu à une nouvelle forme de spéculation,

127. Conférence des évêques de Bolivie, lettre pastorale sur l'environnement et le développement humain en Bolivie *El universo, don de Dios para la vida* (2012), n° 86.

a. Un crédit-carbone est obtenu pour chaque tonne de CO_2 non émise dans l'atmosphère grâce aux mesures prises à cet effet. À la suite du Protocole de Kyoto (1997), des mécanismes de réduction des émissions de gaz à effet de serre ont été mis en place, selon un système de quotas : les entreprises (ou les pays) qui parviennent à réduire leurs émissions de gaz à effet de serre en deçà de leur quota ont la possibilité de vendre des crédits à celles qui dépasseraient leur quota. Des marchés-carbone se sont ainsi créés. Mais ce dispositif comporte des dérives possibles, par exemple celle de se contenter

et cela ne servirait pas à réduire l'émission globale des gaz polluants. Ce système semble être une solution rapide et facile, sous l'apparence d'un certain engagement pour l'environnement, mais qui n'implique, en aucune manière, de changement radical à la hauteur des circonstances. Au contraire, il peut devenir un expédient qui permet de soutenir la sur-consommation de certains pays et secteurs.

172. Les pays pauvres doivent avoir comme priorité l'éradication de la misère et le développement social de leurs habitants; bien qu'ils doivent analyser le niveau de consommation scandaleux de certains secteurs privilégiés de leur population et contrôler la corruption. Il est vrai aussi qu'ils doivent développer des formes moins polluantes de production d'énergie, mais pour cela ils doivent pouvoir compter sur l'aide des pays qui ont connu une forte croissance* au prix de la pollution actuelle de la planète. L'exploitation directe de l'abondante énergie solaire demande que des mécanismes et des subsides soient établis, de sorte que les pays en développement puissent accéder au transfert de technologies, à l'assistance technique, et aux ressources financières, mais toujours en faisant attention aux conditions concrètes, puisque « on n'évalue pas toujours de manière adéquate la compatibilité des infrastructures avec le contexte pour lequel elles ont été conçues[128] ». Les coûts seraient faibles si on les comparait aux risques du changement climatique. De toute manière, c'est avant tout une décision éthique, fondée sur la solidarité entre tous les peuples.

173. Étant donnée la fragilité des instances locales, des accords internationaux sont urgents, qui soient respectés pour intervenir de manière efficace. Les relations entre les États

128. Conseil pontifical Justice et Paix, *Energía, justicia y paz*, n° IV, 1, Cité du Vatican, 2013, p. 57.

d'acheter des droits à polluer... Et aussi des risques de spéculation dommageable sur ce nouveau marché.

doivent sauvegarder la souveraineté de chacun, mais aussi établir des chemins consensuels pour éviter des catastrophes locales qui finiraient par toucher tout le monde. Il manque de cadres régulateurs généraux qui imposent des obligations, et qui empêchent des agissements intolérables, comme le fait que certains pays puissants transfèrent dans d'autres pays des déchets et des industries hautement polluants.

174. Mentionnons aussi le système de gestion des océans. En effet, même s'il y a eu plusieurs conventions internationales et régionales, l'éparpillement et l'absence de mécanismes sévères de réglementation, de contrôle et de sanction finissent par miner tous les efforts. Le problème croissant des déchets marins et de la protection des zones marines au-delà des frontières nationales continue de représenter un défi particulier. En définitive, il faut un accord sur les régimes de gestion, pour toute la gamme de ce qu'on appelle les « biens communs globaux* ».

175. La même logique qui entrave la prise de décisions drastiques pour inverser la tendance au réchauffement global, ne permet pas non plus d'atteindre l'objectif d'éradiquer la pauvreté. Il faut une réaction globale plus responsable, qui implique en même temps la lutte pour la réduction de la pollution et le développement des pays et des régions pauvres. Le XXIe siècle, alors qu'il maintient un système de gouvernement propre aux époques passées, est le théâtre d'un affaiblissement du pouvoir des États nationaux, surtout parce que la dimension économique et financière*, de caractère transnational, tend à prédominer sur la politique. Dans ce contexte, la maturation d'institutions internationales devient indispensable, qui doivent être plus fortes et efficacement organisées, avec des autorités désignées équitablement par accord entre les gouvernements nationaux, et dotées de pouvoir pour sanctionner. Comme l'a affirmé Benoît XVI dans la ligne déjà développée par la doctrine sociale de l'Église : « Pour le gouvernement de l'économie mondiale, pour assainir les économies frappées par la crise, pour prévenir son aggravation et de plus grands déséquilibres, pour procéder à un souhaitable désarmement intégral*, pour arriver à la sécurité alimentaire et à la paix, pour assurer la protection de l'environnement et pour réguler les flux migratoires, il est urgent que soit mise en place une véritable *Autorité politique mondiale** telle qu'elle a déjà été esquissée par mon Prédécesseur, [saint] Jean XXIII[129]. » Dans cette perspective, la diplomatie acquiert une importance inédite, en vue de promouvoir des stratégies internationales anticipant les problèmes plus graves qui finissent par affecter chacun.

II. Le dialogue en vue de nouvelles politiques nationales et locales

176. Non seulement il y a des gagnants et des perdants entre les pays, mais aussi entre les pays pauvres, où diverses responsabilités doivent être identifiées. Pour cela, les questions concernant l'environnement et le développement économique ne peuvent plus se poser seulement à partir des différences entre pays, mais demandent qu'on prête attention aux politiques nationales et locales.

177. Face à la possibilité d'une utilisation irresponsable des capacités humaines, planifier, coordonner, veiller, et sanctionner sont des fonctions impératives de chaque État. Comment la société prépare-t-elle et protège-t-elle son avenir dans un contexte de constantes innovations technologiques ? Le droit, qui établit les règles des comportements acceptables à la lumière du bien commun*, est un facteur qui fonctionne comme un modérateur important. Les limites* qu'une société

129. Benoît XVI, lettre encyclique *Caritas in veritate* (29 juin 2009), n° 67 : AAS 101, 2009, p. 700.

saine, mature et souveraine doit imposer sont liées à la prévision, à la précaution, aux régulations adéquates, à la vigilance dans l'application des normes, à la lutte contre la corruption, aux actions de contrôle opérationnel sur les effets émergents non désirés des processus productifs, et à l'intervention opportune face aux risques incertains ou potentiels. Il y a une jurisprudence croissante visant à diminuer les effets polluants des activités des entreprises. Mais le cadre politique et institutionnel n'est pas là seulement pour éviter les mauvaises pratiques, mais aussi pour encourager les bonnes pratiques, pour stimuler la créativité qui cherche de nouvelles voies, pour faciliter les initiatives personnelles et collectives.

178. Le drame de l'« immédiateté » politique, soutenue aussi par des populations consuméristes, conduit à la nécessité de produire de la croissance* à court terme. Répondant à des intérêts électoraux, les gouvernements ne prennent pas facilement le risque de mécontenter la population avec des mesures qui peuvent affecter le niveau de consommation ou mettre en péril des investissements étrangers. La myopie de la logique du pouvoir ralentit l'intégration de l'agenda environnemental aux vues larges, dans l'agenda public des gouvernements. On oublie ainsi que « le temps est supérieur à l'espace[130] », que

130. Exhortation apostolique *Evangelii gaudium* (24 novembre 2013), n° 222 : AAS 105, 2013, p. 1111[a].

a. On trouve dans *La joie de l'Évangile* (222-223) une explicitation de ce « principe » pour la construction de la paix, de la justice et de la fraternité. Le temps fait référence à la « plénitude », en ouvrant sur un avenir qui attire. Il s'agit de travailler à « long terme, sans être obsédé par les résultats immédiats », de lancer des « processus plutôt que de posséder des espaces », de « privilégier les actions qui génèrent les dynamismes nouveaux ». Et, comme il est dit ici (181), de veiller à la « continuité ». À tous les niveaux (international, national, local), ce principe doit guider les responsables politiques, les responsables économiques, les associations, les populations.

nous sommes toujours plus féconds quand nous nous préoccupons plus d'élaborer des processus que de nous emparer des espaces de pouvoir. La grandeur politique se révèle quand, dans les moments difficiles, on œuvre pour les grands principes et en pensant au bien commun* à long terme. Il est très difficile pour le pouvoir politique d'assumer ce devoir dans un projet de Nation.

179. En certains lieux, se développent des coopératives pour l'exploitation d'énergies renouvelables, qui permettent l'autosuffisance locale, et même la vente des excédents. Ce simple exemple montre que l'instance locale peut faire la différence alors que l'ordre mondial existant se révèle incapable de prendre ses responsabilités. En effet, on peut à ce niveau susciter une plus grande responsabilité, un fort sentiment communautaire, une capacité spéciale de protection et une créativité plus généreuse, un amour profond pour sa terre ; là aussi, on pense à ce qu'on laisse aux enfants et aux petits-enfants. Ces valeurs ont un enracinement notable dans les populations aborigènes. Étant donné que le droit se montre parfois insuffisant en raison de la corruption, il faut que la décision politique soit incitée par la pression de la population. La société, à travers des organismes non gouvernementaux et des associations intermédiaires[a], doit obliger les gouvernements à développer des normes, des

a. La doctrine sociale de l'Église catholique souligne l'importance des « corps intermédiaires » : entre l'État (dont le rôle est primordial en vue du bien commun) et les citoyens (qui ont à s'engager personnellement), il faut reconnaître la place et l'autonomie des organisations qui poursuivent des objectifs propres au bénéfice du bien commun (cf. Jean XXIII, MM 65). Parmi eux les syndicats, les coopératives, les organisations non gouvernementales (ONG) et bien des associations, qui constituent ce qu'on appelle aujourd'hui la « société civile ». François utilise l'expression surtout à propos des associations et des mouvements, soulignant leur rôle citoyen d'initiative et de contrôle. Il parle avec faveur des coopératives (179), des communautés de producteurs (112, 129, 180), des expériences de cohabitation (149), des mouvements de consommateurs (206).

procédures et des contrôles plus rigoureux. Si les citoyens ne contrôlent pas le pouvoir politique — national, régional et communal — un contrôle des dommages sur l'environnement n'est pas possible non plus. D'autre part, les législations des Communes peuvent être plus efficaces s'il y a des accords entre populations voisines pour soutenir les mêmes politiques environnementales.

180. On ne peut pas penser à des recettes uniformes, parce que chaque pays ou région a des problèmes et des limites* spécifiques. Il est aussi vrai que le réalisme politique peut exiger des mesures et des technologies de transition, à condition qu'elles soient toujours accompagnées par le projet et par l'acceptation d'engagements progressifs contraignants. Mais, tant au niveau national que local il reste beaucoup à faire, comme, par exemple, promouvoir des formes d'économies d'énergie. Ceci implique de favoriser des modes de production industrielle ayant une efficacité énergétique maximale et utilisant moins de matière première, retirant du marché les produits peu efficaces du point de vue énergétique, ou plus polluants. On peut aussi mentionner une bonne gestion des transports, ou des formes de construction ou de réfection d'édifices qui réduisent leur consommation énergétique et leur niveau de pollution. D'autre part, l'action politique locale peut s'orienter vers la modification de la consommation, le développement d'une économie des déchets et du recyclage, la protection des espèces et la programmation d'une agriculture diversifiée avec la rotation des cultures. Il est possible d'encourager l'amélioration agricole de régions pauvres par les investissements dans des infrastructures rurales, dans l'organisation du marché local ou national, dans des systèmes d'irrigation, dans le développement de techniques agricoles durables. On peut faciliter des formes de coopération ou d'organisation communautaire qui défendent les intérêts des petits producteurs et préservent les écosystèmes locaux de la déprédation. Il y a tant de choses que l'on peut faire !

181. La continuité est indispensable parce que les politiques relatives au changement climatique et à la sauvegarde de l'environnement ne peuvent pas changer chaque fois que change un gouvernement. Les résultats demandent beaucoup de temps et supposent des coûts immédiats, avec des effets qui ne seront pas visibles au cours du mandat du gouvernement concerné. C'est pourquoi sans la pression de la population et des institutions, il y aura toujours de la résistance à intervenir, plus encore quand il y aura des urgences à affronter. Qu'un homme politique assume ces responsabilités avec les coûts que cela implique, ne répond pas à la logique d'efficacité et d'immédiateté de l'économie ni à celle de la politique actuelle ; mais s'il ose le faire, cela le conduira à reconnaître la dignité* que Dieu lui a donnée comme homme, et il laissera dans l'histoire un témoignage de généreuse responsabilité. Il faut accorder une place prépondérante à une saine politique, capable de réformer les institutions, de les coordonner et de les doter de meilleures pratiques qui permettent de vaincre les pressions et les inerties vicieuses. Cependant, il faut ajouter que les meilleurs mécanismes finissent par succomber quand manquent les grandes finalités, les valeurs, une compréhension humaniste et riche de sens qui donnent à chaque société une orientation noble et généreuse.

III. Dialogue et transparence dans les processus de prise de décision

182. La prévision de l'impact sur l'environnement des initiatives et des projets requiert des processus politiques transparents et soumis au dialogue*, alors que la corruption, qui cache le véritable impact environnemental d'un projet en échange de faveurs, conduit habituellement à des accords fallacieux au sujet desquels on évite information et large débat.

183. Une étude de l'impact sur l'environnement ne devrait pas être postérieure à l'élaboration d'un projet de production ou d'une quelconque politique, plan ou programme à réaliser. Il faut qu'elle soit insérée dès le début, et élaborée de manière interdisciplinaire, transparente et indépendante de toute pression économique ou politique. Elle doit être en lien avec l'analyse des conditions de travail* et l'analyse des effets possibles, entre autres, sur la santé physique et mentale des personnes, sur l'économie locale, sur la sécurité. Les résultats économiques pourront être ainsi déduits de manière plus réaliste, prenant en compte les scénarios possibles et prévoyant éventuellement la nécessité d'un plus grand investissement pour affronter les effets indésirables qui peuvent être corrigés. Il est toujours nécessaire d'arriver à un consensus entre les différents acteurs sociaux, qui peuvent offrir des points de vue, des solutions et des alternatives différents. Mais à la table de discussion, les habitants locaux doivent avoir une place privilégiée, eux qui se demandent ce qu'ils veulent pour eux et pour leurs enfants, et qui peuvent considérer les objectifs qui transcendent l'intérêt économique immédiat. Il faut cesser de penser en terme d'« interventions » sur l'environnement, pour élaborer des politiques conçues et discutées par toutes les parties intéressées. La participation requiert que tous soient convenablement informés sur les divers aspects ainsi que sur les différents risques et possibilités ; elle ne se limite pas à la décision initiale d'un projet, mais concerne aussi les actions de suivi et de surveillance constante. La sincérité et la vérité sont nécessaires dans les discussions scientifiques et politiques, qui ne doivent pas se limiter à considérer ce qui est permis ou non par la législation.

184. Quand d'éventuels risques pour l'environnement, qui affectent le bien commun*, présent et futur, apparaissent, cette situation exige que « les décisions soient fondées sur une confrontation entre les risques et les bénéfices envisageables pour tout choix alternatif possible[131] ». Cela vaut surtout si un projet peut entraîner un accroissement de l'utilisation des ressources naturelles, des émissions ou des rejets, de la production de déchets, ou une modification significative du paysage, de l'habitat des espèces protégées, ou d'un espace public. Certains projets qui ne sont pas suffisamment analysés peuvent affecter profondément la qualité de vie dans un milieu pour des raisons très diverses, comme une pollution acoustique non prévue, la réduction du champ visuel, la perte de valeurs culturelles, les effets de l'utilisation de l'énergie nucléaire. La culture consumériste, qui donne priorité au court terme et à l'intérêt privé, peut encourager des procédures trop rapides ou permettre la dissimulation d'information.

185. Dans toute discussion autour d'une initiative, une série de questions devrait se poser en vue de discerner si elle offrira ou non un véritable développement intégral* : Pour quoi ? Par quoi ? Où ? Quand ? De quelle manière ? Pour qui ? Quels sont les risques ? À quel coût ? Qui paiera les coûts et comment le fera-t-il ? Dans ce discernement, certaines questions doivent avoir la priorité. Par exemple, nous savons que l'eau est une ressource limitée et indispensable, et y avoir accès est un droit fondamental qui conditionne l'exercice des autres droits humains. Ceci est indubitable et conditionne toute analyse de l'impact environnemental d'une région.

186. Dans la Déclaration de Rio de 1992, il est affirmé : « En cas de risque de dommages graves ou irréversibles, l'absence de certitude scientifique absolue ne doit pas servir de prétexte

131. Conseil pontifical Justice et Paix, *Compendium de la Doctrine sociale de l'Église*, n° 469.

pour remettre à plus tard l'adoption de mesures effectives[132] » qui empêcheraient la dégradation de l'environnement. Ce principe de précaution[a] permet la protection des plus faibles, qui disposent de peu de moyens pour se défendre et pour apporter des preuves irréfutables. Si l'information objective conduit à prévoir un dommage grave et irréversible, bien qu'il n'y ait pas de preuve indiscutable, tout projet devra être arrêté ou modifié. Ainsi, on inverse la charge de la preuve, puisque dans ce cas il faut apporter une démonstration objective et indiscutable que l'activité proposée ne va pas générer de graves dommages à l'environnement ou à ceux qui y habitent.

187. Cela n'entraîne pas qu'il faille s'opposer à toute innovation technologique qui permette d'améliorer la qualité de vie d'une population. Mais, dans tous les cas, il doit toujours être bien établi que la rentabilité ne peut pas être l'unique élément à prendre en compte et que, au moment où apparaissent de nouveaux critères de jugement à partir de l'évolution de l'information, il devrait y avoir une nouvelle évaluation avec la participation de toutes les parties intéressées. Le résultat de la discussion pourrait être la décision de ne pas avancer dans un projet, mais pourrait être aussi sa modification ou l'élaboration de propositions alternatives.

132. *Déclaration de Rio sur l'environnement et le développement* (14 juin 1992), Principe 15.

---

a. Le pape reconnaît l'importance du « principe de précaution » pour contrôler les effets non désirés de certaines initiatives techniques. Ce n'est pas un encouragement à la passivité, qui évite de prendre des décisions parfois risquées, mais une insistance sur la qualité du discernement à mettre en œuvre. François admire la capacité humaine de déployer sa créativité, y compris dans la science et la technique, mais celle-ci doit être au service des autres (131). « Même en l'absence de préjudices », les difficultés ne doivent pas être éludées (184). L'étude de l'impact des décisions suppose une vraie transparence, à partir d'une discussion scientifique et sociale, prenant en compte toutes les informations disponibles (183).

188. Dans certaines discussions sur des questions liées à l'environnement, il est difficile de parvenir à un consensus. Encore une fois je répète que l'Église n'a pas la prétention de juger des questions scientifiques ni de se substituer à la politique, mais j'invite à un débat honnête et transparent, pour que les besoins particuliers ou les idéologies n'affectent pas le bien commun*.

IV. Politique et économie en dialogue pour la plénitude humaine

189. La politique ne doit pas se soumettre à l'économie et celle-ci ne doit pas se soumettre aux diktats ni au paradigme d'efficacité de la technocratie. Aujourd'hui, en pensant au bien commun*, nous avons impérieusement besoin que la politique et l'économie, en dialogue*, se mettent résolument au service de la vie, spécialement de la vie humaine. Sauver les banques à tout prix, en en faisant payer le prix à la population, sans la ferme décision de revoir et de réformer le système dans son ensemble, réaffirme une emprise absolue des finances qui n'a pas d'avenir et qui pourra seulement générer de nouvelles crises après une longue, coûteuse et apparente guérison. La crise financière de 2007-2008 était une occasion pour le développement d'une nouvelle économie plus attentive aux principes éthiques, et pour une nouvelle régulation de l'activité financière* spéculative et de la richesse fictive. Mais il n'y a pas eu de réaction qui aurait conduit à repenser les critères obsolètes qui continuent à régir le monde. La production n'est pas toujours rationnelle, et souvent elle est liée à des variables économiques qui fixent pour les produits une valeur qui ne correspond pas à leur valeur réelle. Cela conduit souvent à la surproduction de certaines marchandises, avec un impact inutile sur l'environnement qui, en même temps, porte préjudice à de nombreuses économies régionales[133]. La bulle financière* est aussi, en général, une bulle productive[a]. En définitive, n'est pas affrontée avec énergie la question de l'économie réelle, qui permet par exemple que la production se diversifie et s'améliore, que les entreprises fonctionnent bien, que les petites et moyennes entreprises se développent et créent des emplois.

190. Dans ce contexte, il faut toujours se rappeler que « la protection de l'environnement ne peut pas être assurée uniquement en fonction du calcul financier des coûts et des bénéfices. L'environnement fait partie de ces biens que les mécanismes du marché ne sont pas en mesure de défendre ou de promouvoir de façon adéquate[134]. » Une fois de plus, il faut éviter une conception magique du marché qui fait penser que les problèmes se résoudront tout seuls par l'accroissement des bénéfices des entreprises ou des individus. Est-il réaliste d'espérer que celui qui a l'obsession du bénéfice maximum s'attarde à penser aux effets environnementaux qu'il laissera aux prochaines générations ? Dans le schéma du gain il n'y a pas de place pour penser aux rythmes de la nature, à ses périodes de dégradation et de

133. Cf. Conférence de l'Épiscopat mexicain : Commission de la pastorale sociale, *Jesucristo, vida y esperanza de los indígenas y campesinos* (14 janvier 2008).
134. Conseil pontifical Justice et Paix, *Compendium de la Doctrine sociale de l'Église*, n° 470.

a. Une bulle financière est une hausse excessive du prix de biens financiers, immobiliers ou autres, qui se nourrit d'elle-même, en attirant de nouveaux investisseurs. Mais la sous-estimation des risques et la surestimation des profits attendus entraînent une chute des ventes et des prix. Ceux qui se sont imprudemment surendettés risquent de lourdes pertes. Ceux qui ont accru de façon excessive leur capacité de production ne parviennent plus à écouler leurs produits. Les bulles immobilières américaine et espagnole (favorisées par des crédits risqués) sont au cœur de la crise financière (2008) qui a affecté toute l'économie mondiale. On y voit le lien entre bulle productive et bulle financière.

régénération, ni à la complexité des écosystèmes qui peuvent être gravement altérés par l'intervention humaine. De plus, quand on parle de biodiversité, on la conçoit au mieux comme une réserve de ressources économiques qui pourrait être exploitée, mais on ne prend pas en compte sérieusement, entre autres, la valeur réelle des choses, leur signification pour les personnes et les cultures, les intérêts et les nécessités des pauvres*.

191. Quand on pose ces questions, certains réagissent en accusant les autres de prétendre arrêter irrationnellement le progrès et le développement humain. Mais nous devons nous convaincre que ralentir un rythme déterminé de production et de consommation peut donner lieu à d'autres formes de progrès et de développement. Les efforts pour une exploitation durable des ressources naturelles ne sont pas une dépense inutile, mais un investissement qui pourra générer d'autres bénéfices économiques à moyen terme. Si nous ne souffrons pas d'étroitesse de vue, nous pouvons découvrir que la diversification d'une production plus innovante, et ce avec un moindre impact sur l'environnement, peut être très rentable. Il s'agit d'ouvrir le chemin à différentes opportunités qui n'impliquent pas d'arrêter la créativité de l'homme et son rêve de progrès, mais d'orienter cette énergie vers des voies nouvelles.

192. Par exemple, un chemin de développement productif plus créatif et mieux orienté pourrait corriger le fait qu'il y a un investissement technologique excessif pour la consommation et faible pour résoudre les problèmes en suspens de l'humanité ; il pourrait générer des formes intelligentes et rentables de réutilisation, d'utilisation multifonctionnelle et de recyclage ; il pourrait encore améliorer l'efficacité énergétique des villes. La diversification de la production ouvre d'immenses possibilités à l'intelligence humaine pour créer et innover, en même temps qu'elle protège l'environnement et crée plus d'emplois. Ce serait une créativité capable de faire fleurir de nouveau la noblesse de l'être humain, parce qu'il est plus digne d'utiliser l'intelligence, avec audace et responsabilité, pour trouver des formes de développement durable et équitable, dans le cadre d'une conception plus large de ce qu'est la qualité de vie. Inversement, il est moins digne, il est superficiel et moins créatif de continuer à créer des formes de pillage de la nature seulement pour offrir de nouvelles possibilités de consommation et de gain immédiat.

193. De toute manière, si dans certains cas le développement durable entraînera de nouvelles formes de croissance, dans d'autres cas, face à l'accroissement vorace et irresponsable produit durant de nombreuses décennies, il faudra penser aussi à marquer une pause en mettant certaines limites* raisonnables, voire à retourner en arrière avant qu'il ne soit trop tard. Nous savons que le comportement de ceux qui consomment et détruisent toujours davantage n'est pas soutenable, tandis que d'autres ne peuvent pas vivre conformément à leur dignité humaine*. C'est pourquoi l'heure est venue d'accepter une certaine décroissance* dans quelques parties du monde, mettant à disposition des ressources pour une saine croissance en d'autres parties. Benoît XVI affirmait qu'« il est nécessaire que les sociétés technologiquement avancées soient disposées à favoriser des comportements plus sobres, réduisant leurs propres besoins d'énergie en améliorant les conditions de son utilisation[135] ».

194. Pour que surgissent de nouveaux modèles de progrès nous devons « convertir le modèle de développement global[136] », ce qui implique de réfléchir de manière responsable « sur le sens de l'économie et de ses objectifs, pour en

135. *Message pour la journée mondiale de la Paix 2010*, n° 9 : AAS 102, 2010, p. 46.
136. *Ibid.*

corriger les dysfonctionnements et les déséquilibres[137] ». Il ne suffit pas de concilier, en un juste milieu, la protection de la nature et le profit financier*, ou la préservation de l'environnement et le progrès. Sur ces questions, les justes milieux retardent seulement un peu l'effondrement. Il s'agit simplement de redéfinir le progrès. Un développement technologique et économique qui ne laisse pas un monde meilleur et une qualité de vie intégralement supérieure ne peut pas être considéré comme un progrès. D'autre part, la qualité réelle de vie des personnes diminue souvent — à cause de la détérioration de l'environnement, de la mauvaise qualité des produits alimentaires eux-mêmes ou de l'épuisement de certaines ressources — dans un contexte de croissance économique. Dans ce cadre, le discours de la croissance durable devient souvent un moyen de distraction et de justification qui enferme les valeurs du discours écologique dans la logique des finances et de la technocratie ; la responsabilité sociale et environnementale des entreprises se réduit d'ordinaire à une série d'actions de marketing et d'image.

195. Le principe de la maximalisation du gain, qui tend à s'isoler de toute autre considération, est une distorsion conceptuelle de l'économie : si la production augmente, il importe peu que cela se fasse au prix des ressources futures ou de la santé de l'environnement ; si l'exploitation d'une forêt fait augmenter la production, personne ne mesure dans ce calcul la perte qu'implique la désertification du territoire, le dommage causé à la biodiversité ou l'augmentation de la pollution. Cela veut dire que les entreprises obtiennent des profits en calculant et en payant une part infime des coûts. Seul pourrait être considéré comme éthique un comportement dans lequel « les coûts

137. *Ibid.*, n° 5 : p. 43.

économiques et sociaux dérivant de l'usage des ressources naturelles communes soient établis de façon transparente et soient entièrement supportés par ceux qui en jouissent et non par les autres populations ou par les générations futures*[138] ». La rationalité instrumentale, qui fait seulement une analyse statique de la réalité en fonction des nécessités du moment, est présente aussi bien quand c'est le marché qui assigne les ressources, que lorsqu'un État planificateur le fait[a].

196. Qu'en est-il de la politique ? Rappelons le principe de subsidiarité qui donne la liberté au développement des capacités présentes à tous les niveaux, mais qui exige en même temps plus de responsabilité pour le bien commun* de la part de celui qui détient plus de pouvoir. Il est vrai qu'aujourd'hui certains secteurs économiques exercent davantage de pouvoir que les États eux-mêmes. Mais on ne peut pas justifier une économie sans politique, qui serait incapable de promouvoir une autre logique qui régisse les divers aspects de la crise actuelle. La logique qui ne permet pas d'envisager une préoccupation sincère pour l'environnement est la même qui empêche de nourrir le souci d'intégrer les plus fragiles, parce que « dans le modèle actuel de "succès" et de "droit privé", il ne semble pas que cela ait un sens

138. Benoît XVI, lettre encyclique *Caritas in veritate* (29 juin 2009), n° 50 : AAS 101, 2009, p. 686.

a. Plutôt que de se prononcer ici sur les mérites du marché et sur ceux de l'État, l'encyclique met en cause une rationalité « instrumentale » qui se contente d'analyser la réalité en fonction des seules urgences, dans une logique de court terme, d'immédiateté. Suivre le principe de la maximalisation du gain en écartant toute autre considération, c'est une « distorsion » conceptuelle de l'économie. Ces façons de raisonner affectent le marché, dont on se fait une « conception magique » (190). Elles peuvent tout autant affecter l'État dont pourtant la mission est de « planifier, coordonner, sanctionner » (177), en ayant en vue le bien commun.

de s'investir pour que ceux qui restent en arrière, les faibles ou les moins pourvus, puissent se faire un chemin dans la vie[139] ».

197. Nous avons besoin d'une politique aux vues larges, qui suive une approche globale en intégrant dans un dialogue interdisciplinaire* les divers aspects de la crise. Souvent la politique elle-même est responsable de son propre discrédit, à cause de la corruption et du manque de bonnes politiques publiques. Si l'État ne joue pas son rôle dans une région, certains groupes économiques peuvent apparaître comme des bienfaiteurs et s'approprier le pouvoir réel, se sentant autorisés à ne pas respecter certaines normes, jusqu'à donner lieu à diverses formes de criminalité organisée, de traite de personnes, de narcotrafic, et de violence, très difficiles à éradiquer. Si la politique n'est pas capable de rompre une logique perverse, et de plus reste enfermée dans des discours appauvris, nous continuerons à ne pas faire face aux grands problèmes de l'humanité. Une stratégie de changement réel exige de repenser la totalité des processus, puisqu'il ne suffit pas d'inclure des considérations écologiques superficielles pendant qu'on ne remet pas en cause la logique sous-jacente à la culture actuelle. Une saine politique devrait être capable d'assumer ces défis.

198. La politique et l'économie ont tendance à s'accuser mutuellement en ce qui concerne la pauvreté et la dégradation de l'environnement. Mais il faut espérer qu'elles reconnaîtront leurs propres erreurs et trouveront des formes d'interaction orientées vers le bien commun*. Pendant que les uns sont obnubilés uniquement par le profit économique et que d'autres ont pour seule obsession la conservation ou l'accroissement de leur pouvoir, ce que nous avons ce sont des guerres, ou bien des accords fallacieux où préserver l'environnement et protéger les

139. Exhortation apostolique *Evangelii gaudium* (24 novembre 2013), n° 209 : AAS 105, 2013, p. 1107.

plus faibles est ce qui intéresse le moins les deux parties. Là aussi vaut le principe: «l'unité est supérieure au conflit[140]».

V. Les religions dans le dialogue avec les sciences

199. On ne peut pas soutenir que les sciences empiriques expliquent complètement la vie, la structure de toutes les créatures et la réalité dans son ensemble. Cela serait outrepasser de façon indue leurs frontières méthodologiques limitées. Si on réfléchit dans ce cadre fermé, la sensibilité esthétique, la poésie, et même la capacité de la raison à percevoir le sens et la finalité des choses disparaissent[141]. Je veux rappeler que «les textes religieux classiques peuvent offrir une signification pour toutes les

140. *Ibid.*, n° 228, p. 1113[a].

141. Cf. lettre encyclique *Lumen fidei* (29 juin 2013), n° 34: AAS 105, 2013, p. 577: «La lumière de la foi, dans la mesure où elle est unie à la vérité de l'amour, n'est pas étrangère au monde matériel, car l'amour se vit toujours corps et âme; la lumière de la foi est une lumière incarnée, qui procède de la vie lumineuse de Jésus. Elle éclaire aussi la matière, se fie à son ordre, reconnaît qu'en elle s'ouvre un chemin d'harmonie et de compréhension toujours plus large. Le regard de la science tire ainsi profit de la foi: cela invite le chercheur à rester ouvert à la réalité, dans toute sa richesse inépuisable. La foi réveille le sens critique dans la mesure où elle empêche la recherche de se complaire dans ses formules et l'aide à comprendre que la nature est toujours plus grande. En invitant à l'émerveillement devant le mystère du créé, la foi élargit les horizons de la raison pour mieux éclairer le monde qui s'ouvre à la recherche scientifique.»

a. On retrouve ici un deuxième principe mis en avant dans *La joie de l'Évangile* (228). Quand il y a conflit, il s'agit de l'accepter et de «le transformer en un maillon d'un nouveau processus», de le résoudre «à un niveau supérieur qui conserve, en soi, les précieuses potentialités des polarités en opposition». Et en regardant «les autres dans leur dignité la plus profonde». Ce principe vaut dans le dialogue entre la politique et l'économie où, au-delà des intérêts particuliers, il s'agit, comme dit dans le présent paragraphe, de trouver «des formes d'interaction orientées vers le bien commun».

époques, et ont une force de motivation qui ouvre toujours de nouveaux horizons [...]. Est-il raisonnable et intelligent de les reléguer dans l'obscurité, seulement du fait qu'ils proviennent d'un contexte de croyance religieuse[142] ? » En réalité, il est naïf de penser que les principes éthiques puissent se présenter de manière purement abstraite, détachés de tout contexte, et le fait qu'ils apparaissent dans un langage religieux ne les prive pas de toute valeur dans le débat public. Les principes éthiques que la raison est capable de percevoir peuvent réapparaître toujours de manière différente et être exprimés dans des langages divers, y compris religieux.

200. D'autre part, toute solution technique que les sciences prétendent apporter sera incapable de résoudre les graves problèmes du monde si l'humanité perd le cap, si l'on oublie les grandes motivations qui rendent possibles la cohabitation*, le sacrifice, la bonté. De toute façon, il faudra inviter les croyants à être cohérents avec leur propre foi et à ne pas la contredire par leurs actions ; il faudra leur demander de s'ouvrir de nouveau à la grâce de Dieu et de puiser au plus profond de leurs propres convictions sur l'amour, la justice et la paix. Si une mauvaise compréhension de nos propres principes nous a parfois conduits à justifier le mauvais traitement de la nature, la domination despotique de l'être humain sur la création, ou les guerres, l'injustice et la violence, nous, les croyants, nous pouvons reconnaître que nous avons alors été infidèles au trésor de sagesse que nous devions garder. Souvent les limites culturelles des diverses époques ont conditionné cette conscience de leur propre héritage éthique et spirituel, mais c'est précisément le retour à leurs sources qui permet aux religions de mieux répondre aux nécessités actuelles.

142. Exhortation apostolique *Evangelii gaudium* (24 novembre 2013), n° 256 : AAS 105, 2013, p. 1123.

201. La majorité des habitants de la planète se déclare croyante, et cela devrait inciter les religions à entrer dans un dialogue* en vue de la sauvegarde de la nature, de la défense des pauvres*, de la construction de réseaux de respect et de fraternité. Un dialogue entre les sciences elles-mêmes est aussi nécessaire parce que chacune a l'habitude de s'enfermer dans les limites* de son propre langage, et la spécialisation a tendance à devenir isolement et absolutisation du savoir de chacun. Cela empêche d'affronter convenablement les problèmes de l'environnement. Un dialogue ouvert et respectueux devient aussi nécessaire entre les différents mouvements écologistes, où les luttes idéologiques ne manquent pas. La gravité de la crise écologique exige que tous nous pensions au bien commun* et avancions sur un chemin de dialogue* qui demande patience, ascèse et générosité, nous souvenant toujours que « la réalité est supérieure à l'idée[143] ».

143. *Ibid.*, n° 231 : p. 1114[a].

a. C'est le troisième principe de lecture proposé dans *La joie de l'Évangile* (231) : « La réalité est, tout simplement ; l'idée s'élabore. » « L'idée déconnectée de la réalité est à l'origine des idéalismes [...] inefficaces, qui [...] n'impliquent pas. Ce qui implique, c'est la réalité éclairée par le raisonnement. » Pour un chrétien, « ce critère est lié à l'incarnation de la Parole et à sa mise en pratique » (233). Pour l'analyse et pour l'action, on peut rappeler un quatrième principe avancé par le pape François : « le tout est supérieur à la partie » (voir *supra*, 142). Dans *La joie de l'Évangile* (235), il précise qu'« il faut toujours élargir le regard », « sans (pour autant) se déraciner ».

Questions pédagogiques

- La politique et l'entreprise, qui réagissent avec lenteur, sont loin d'être à la hauteur des défis mondiaux. Que font les pouvoirs publics et nos élus (niveaux international, national, régional, local) ? Comment les inciter à agir ? Comment collaborer avec des associations ou ONG compétentes ?
- Comment concevons-nous la place de la technique, de l'économique, du politique (en dialogue avec le service de la vie) ?
- Comment être cohérents avec notre foi (voir « les religions en dialogue avec les sciences ») ?

SIXIÈME CHAPITRE

ÉDUCATION ET SPRITUALITÉ ÉCOLOGIQUES

UNE CONVERSION

Ce dernier chapitre de l'encyclique constitue à la fois un point d'arrivée et un point de départ : il traduit au niveau de la vie concrète la notion d'écologie intégrale présentée dans les chapitres précédents et il appelle à faire de nouveaux choix de vie.

La notion qui est au cœur de ce chapitre est celle de « conversion écologique » (217). Le terme *conversion* s'inscrit dans une dimension d'ordre spirituel, signalant combien la question écologique touche le sens profond de la vie. Autour de cette notion se structure tout le chapitre. On trouve ainsi, en premier, ce qui rend la conversion concrète et possible : changement de style de vie et processus éducatif. Puis sont présentées les conséquences d'une telle conversion, tant au niveau personnel que collectif : joie et paix, amour civil et politique. Enfin, cette conversion s'exprime par des signes sacramentaux et devient lieu de célébration. De ce fait, la conversion écologique intègre et articule les différentes dimensions de la vie : spirituelle, matérielle, politique et liturgique. L'intégralité, qui associe l'humain à la nature, touche bien tous les niveaux de la vie humaine.

À travers chacune des dimensions de la conversion écologique à laquelle le pape nous appelle, il y a toujours un déplacement à faire. Le changement de style de vie qui vise à s'arracher au consumérisme est fondé sur l'invitation à sortir de soi, à quitter une attitude autoréférentielle, pour faire attention à l'impact de chacune de nos actions sur les autres et sur l'environnement (208). La sobriété à laquelle nous sommes conviés est comprise comme une expérience libératrice qui nous permet de découvrir ce qui donne vraiment de la valeur à la vie (223). L'amour dans la vie sociale, qu'il nous est proposé de retrouver, est soutenu par la prise de conscience que nous avons besoin les uns des autres (229). Le repos et l'eucharistie sont également présentés comme une manière d'inscrire notre agir dans une dimension réceptive et gratuite (237). Un seul et même mouvement rassemble ces différentes dimensions de la conversion écologique : un mouvement de décentrement. Sortir de soi, non pas dans une démarche sacrificielle, mais bien au contraire comme ce qui donne de découvrir la véritable source de vie, celle qui se construit en alliance avec les autres, avec la nature et avec Dieu.

La conversion écologique apparaît ainsi caractérisée par la capacité de se décentrer et de faire alliance. Celle-ci se traduit dans trois attitudes principales : la gratitude et la gratuité, fondées sur la reconnaissance du monde comme don reçu du Père ; la conscience d'une communion avec tous les êtres de l'univers ; enfin la créativité et l'enthousiasme (220). On peut transposer ces trois attitudes en termes de don, d'interdépendance et d'espérance. Elles sont présentes dans chacune des dimensions de la conversion écologique : au niveau du style de vie, du projet éducatif, de la démarche politique et de la référence sacramentelle. Don, interdépendance et espérance sont également au cœur des deux prières qui clôturent le chapitre et l'encyclique, et qui sont encore un appel à construire un avenir partagé.

Elena Lasida

202. Beaucoup de choses doivent être réorientées, mais avant tout l'humanité a besoin de changer. La conscience d'une origine commune, d'une appartenance mutuelle et d'un avenir partagé par tous, est nécessaire. Cette conscience fondamentale permettrait le développement de nouvelles convictions, attitudes et formes de vie. Ainsi un grand défi culturel, spirituel et éducatif, qui supposera de longs processus de régénération, est mis en évidence.

I. Miser sur un autre style de vie

203. Étant donné que le marché tend à créer un mécanisme consumériste compulsif pour placer ses produits, les personnes finissent par être submergées, dans une spirale d'achats et de dépenses inutiles. Le consumérisme obsessif est le reflet subjectif du paradigme techno-économique. Il arrive ce que Romano Guardini signalait déjà : l'être humain « accepte les choses usuelles et les formes de la vie telles qu'elles lui sont imposées par les plans rationnels et les produits normalisés de la machine et, dans l'ensemble, il le fait avec l'impression que tout cela est raisonnable et juste[144] ». Ce paradigme fait croire à tous qu'ils sont libres, tant qu'ils ont une soi-disant liberté pour consommer, alors que ceux qui ont en réalité la liberté, ce sont ceux qui

144. Romano GUARDINI, *Das Ende der Neuzeit*, Werkbund Verlag, Würzburg, [9]1965, p. 66-67 (éd. fr. : *La fin des temps modernes*, Seuil, Paris, 1952, p. 71-72).

constituent la minorité en possession du pouvoir économique et financier*. Dans cette équivoque, l'humanité post-moderne n'a pas trouvé une nouvelle conception d'elle-même qui puisse l'orienter, et ce manque d'identité est vécu avec angoisse. Nous possédons trop de moyens pour des fins limitées et rachitiques.

204. La situation actuelle du monde « engendre un sentiment de précarité et d'insécurité qui, à son tour, nourrit des formes d'égoïsme collectif[145] ». Quand les personnes deviennent autoréférentielles et s'isolent dans leur propre conscience, elles accroissent leur voracité. En effet, plus le cœur de la personne est vide, plus elle a besoin d'objets à acheter, à posséder et à consommer. Dans ce contexte, il ne semble pas possible qu'une personne accepte que la réalité lui fixe des limites*. À cet horizon, un vrai bien commun* n'existe pas non plus. Si c'est ce genre de sujet qui tend à prédominer dans une société, les normes seront seulement respectées dans la mesure où elles ne contredisent pas des besoins personnels. C'est pourquoi nous ne pensons pas seulement à l'éventualité de terribles phénomènes climatiques ou à de grands désastres naturels, mais aussi aux catastrophes dérivant de crises sociales, parce que l'obsession d'un style de vie consumériste ne pourra que provoquer violence et destruction réciproque, surtout quand seul un petit nombre peut se le permettre.

205. Cependant, tout n'est pas perdu, parce que les êtres humains, capables de se dégrader à l'extrême, peuvent aussi se surmonter, opter de nouveau pour le bien et se régénérer, au-delà de tous les conditionnements mentaux et sociaux qu'on leur impose. Ils sont capables de se regarder eux-mêmes avec honnêteté, de révéler au grand jour leur propre dégoût et d'initier de nouveaux chemins vers la vraie liberté. Il n'y a pas de systèmes qui annulent complètement l'ouverture au bien, à la

145. JEAN-PAUL II, *Message pour la journée mondiale de la Paix 1990*, n° 1 : AAS 82, 1990, p. 147.

vérité et à la beauté, ni la capacité de réaction que Dieu continue d'encourager du plus profond des cœurs humains. Je demande à chaque personne de ce monde de ne pas oublier sa dignité* que nul n'a le droit de lui enlever.

206. Un changement dans les styles de vie pourrait réussir à exercer une pression saine sur ceux qui détiennent le pouvoir politique, économique et social. C'est ce qui arrive quand les mouvements de consommateurs obtiennent qu'on n'achète plus certains produits, et deviennent ainsi efficaces pour modifier le comportement des entreprises, en les forçant à considérer l'impact environnemental et les modèles de production. C'est un fait, quand les habitudes de la société affectent le gain des entreprises, celles-ci se trouvent contraintes à produire autrement. Cela nous rappelle la responsabilité sociale des consommateurs : « Acheter est non seulement un acte économique mais toujours aussi un acte moral[146]. » C'est pourquoi, aujourd'hui « le thème de la dégradation environnementale met en cause les comportements de chacun de nous[147] ».

207. La *Charte de la Terre*[a] nous invitait tous à tourner le dos à une étape d'autodestruction et à prendre un nouveau départ, mais nous n'avons pas encore développé une conscience universelle qui le rende possible. Voilà pourquoi j'ose proposer de nouveau ce beau défi : « Comme jamais auparavant dans

146. Benoît XVI, lettre encyclique *Caritas in veritate* (29 juin 2009), n° 66 : AAS 101, 2009, p. 699.

147. Id., *Message pour la journée mondiale de la Paix 2010*, n° 11 : AAS 102, 2010, p. 48.

a. La *Charte de la Terre* est une déclaration internationale lancée officiellement le 29 juin 2000 à La Haye ; sa rédaction a suivi un long processus de consultation commencé en 1994 dans le but de développer un consensus mondial sur les valeurs et les principes pour un avenir durable. Les principes de cette *Charte* résonnent fortement avec ceux de l'encyclique, en affirmant que la protection de l'environnement, les droits humains, le développement humain équitable et la paix sont interdépendants et indivisibles.

l'histoire, notre destin commun nous invite à chercher un nouveau commencement [...] Faisons en sorte que notre époque soit reconnue dans l'histoire comme celle de l'éveil d'une nouvelle forme d'hommage à la vie, d'une ferme résolution d'atteindre la durabilité, de l'accélération de la lutte pour la justice et la paix et de l'heureuse célébration de la vie[148]. »

208. Il est toujours possible de développer à nouveau la capacité de sortir de soi vers l'autre. Sans elle, on ne reconnaît pas la valeur propre* des autres créatures, on ne se préoccupe pas de protéger quelque chose pour les autres, on n'a pas la capacité de se fixer des limites pour éviter la souffrance ou la détérioration de ce qui nous entoure. L'attitude fondamentale de se transcender, en rompant avec l'isolement de la conscience et l'autoréférentialité, est la racine qui permet toute attention aux autres et à l'environnement, et qui fait naître la réaction morale de prendre en compte l'impact que chaque action et chaque décision personnelle provoquent hors de soi-même. Quand nous sommes capables de dépasser l'individualisme, un autre style de vie peut réellement se développer et un changement important devient possible dans la société.

II. Éducation pour l'alliance entre l'humanité et l'environnement

209. La conscience de la gravité de la crise culturelle et écologique doit se traduire par de nouvelles habitudes. Beaucoup savent que le progrès actuel, tout comme la simple accumulation d'objets ou de plaisirs, ne suffit pas à donner un sens ni de la joie au cœur humain, mais ils ne se sentent pas capables de renoncer à ce que le marché leur offre. Dans les pays qui devraient réali-

148. *La Charte de la Terre*, La Haye (29 juin 2000).

ser les plus grands changements d'habitudes de consommation, les jeunes ont une nouvelle sensibilité écologique et un esprit généreux, et certains d'entre eux luttent admirablement pour la défense de l'environnement; mais ils ont grandi dans un contexte de très grande consommation et de bien-être qui rend difficile le développement d'autres habitudes. C'est pourquoi nous sommes devant un défi éducatif.

210. L'éducation environnementale a progressivement élargi le champ de ses objectifs. Si au commencement elle était très axée sur l'information scientifique ainsi que sur la sensibilisation et la prévention de risques environnementaux, à présent cette éducation tend à inclure une critique des « mythes » de la modernité (individualisme, progrès indéfini, concurrence, consumérisme, marché sans règles), fondés sur la raison instrumentale; elle tend également à s'étendre aux différents niveaux de l'équilibre écologique : au niveau interne avec soi-même, au niveau solidaire avec les autres, au niveau naturel avec tous les êtres vivants, au niveau spirituel avec Dieu. L'éducation environnementale devrait nous disposer à faire ce saut vers le Mystère, à partir duquel une éthique écologique acquiert son sens le plus profond. Par ailleurs, des éducateurs sont capables de repenser les itinéraires pédagogiques d'une éthique écologique, de manière à faire grandir effectivement dans la solidarité, dans la responsabilité et dans la protection fondée sur la compassion.

211. Cependant, cette éducation ayant pour vocation de créer une « citoyenneté écologique » se limite parfois à informer, et ne réussit pas à développer des habitudes. L'existence de lois et de normes n'est pas suffisante à long terme pour limiter les mauvais comportements, même si un contrôle effectif existe. Pour que la norme juridique produise des effets importants et durables, il est nécessaire que la plupart des membres de la société l'aient acceptée grâce à des motivations appropriées, et réagissent à partir d'un changement personnel. C'est seulement en cultivant de solides vertus[a] que le don de soi dans un engagement écologique est possible. Si une personne a l'habitude de se couvrir un peu au lieu d'allumer le chauffage, alors que sa situation économique lui permettrait de consommer et de dépenser plus, cela suppose qu'elle a intégré des convictions et des sentiments favorables à la préservation de l'environnement. Accomplir le devoir de sauvegarder la création par de petites actions quotidiennes est très noble, et il est merveilleux que l'éducation soit capable de les susciter jusqu'à en faire un style de vie. L'éducation à la responsabilité environnementale peut encourager divers comportements qui ont une incidence directe et importante sur la préservation de l'environnement tels que : éviter l'usage de matière plastique et de papier, réduire la consommation d'eau, trier les déchets, cuisiner seulement ce que l'on pourra raisonnablement manger, traiter avec attention les autres êtres vivants, utiliser les transports publics ou partager le même véhicule entre plusieurs personnes, planter des arbres, éteindre les lumières inutiles. Tout cela fait partie d'une créativité généreuse et digne, qui révèle le meilleur de l'être humain. Le fait de réutiliser quelque chose au lieu de le jeter rapidement, parce qu'on est animé par de profondes motivations, peut être un acte d'amour exprimant notre dignité.

---

a. Le mot *vertu* n'est guère à la mode ! Dire d'une personne qu'elle est « vertueuse » peut susciter l'ironie. C'est pourtant un mot important pour la philosophie et la théologie morales. Il désigne un pouvoir, une capacité qui demande à être déployée, une attitude intérieure qui prédispose à agir bien. François nous invite à développer des habitudes, c'est-à-dire des manières d'habiter* notre vie avec les autres et avec les choses. Nous sommes prisonniers d'habitudes de consommateurs, mais nous avons en nous bien d'autres potentialités qui demandent à être éduquées (sortir de nous), à devenir vertus. Les vertus ne sont pas l'application de règles, mais une manière heureuse de vivre, un exercice personnel où chacun apprend à découvrir la richesse des dons qui lui sont faits — comme un musicien qui s'exerce sur son instrument s'ouvre l'accès à un trésor. (On pourra lire, par exemple, A. Thomasset, *Les vertus sociales,* Lessius, Namur/Paris, 2015.)

212. Il ne faut pas penser que ces efforts ne vont pas changer le monde. Ces actions répandent dans la société un bien qui produit toujours des fruits au-delà de ce que l'on peut constater, parce qu'elles suscitent sur cette terre un bien qui tend à se répandre toujours, parfois de façon invisible. En outre, le développement de ces comportements nous redonne le sentiment de notre propre dignité, il nous porte à une plus grande profondeur de vie, il nous permet de faire l'expérience du fait qu'il vaut la peine de passer en ce monde.

213. Les milieux éducatifs sont divers : l'école, la famille, les moyens de communication, la catéchèse et autres. Une bonne éducation scolaire, dès le plus jeune âge, sème des graines qui peuvent produire des effets tout au long d'une vie. Mais je veux souligner l'importance centrale de la famille, parce qu'« elle est le lieu où la vie, don de Dieu, peut être convenablement accueillie et protégée contre les nombreuses attaques auxquelles elle est exposée, le lieu où elle peut se développer suivant les exigences d'une croissance* humaine authentique. Contre ce qu'on appelle la culture de la mort, la famille constitue le lieu de la culture de la vie[149]. » Dans la famille, on cultive les premiers réflexes d'amour et de préservation de la vie, comme par exemple l'utilisation correcte des choses, l'ordre et la propreté, le respect pour l'écosystème local et la protection de tous les êtres créés. La famille est le lieu de la formation intégrale*, où se déroulent les différents aspects, intimement reliés entre eux, de la maturation personnelle. Dans la famille, on apprend à demander une permission avec respect, à dire « merci » comme expression d'une juste évaluation des choses qu'on reçoit, à dominer l'agressivité ou la voracité, et à demander pardon quand on cause un dommage. Ces petits gestes de sincère cour-

149. JEAN-PAUL II, lettre encyclique *Centesimus annus* (1er mai 1991), n° 39 : AAS 83, 1991, p. 842.

toisie aident à construire une culture de la vie partagée et du respect pour ce qui nous entoure.

214. Un effort de sensibilisation de la population incombe à la politique et aux diverses associations. À l'Église également. Toutes les communautés chrétiennes ont un rôle important à jouer dans cette éducation. J'espère aussi que dans nos séminaires et maisons religieuses de formation, on éduque à une austérité responsable, à la contemplation reconnaissante du monde, à la protection de la fragilité* des pauvres et de l'environnement. Étant donné l'importance de ce qui est en jeu, de même que des institutions dotées de pouvoir sont nécessaires pour sanctionner les attaques à l'environnement, nous avons aussi besoin de nous contrôler et de nous éduquer les uns les autres.

215. Dans ce contexte, « il ne faut pas négliger la relation qui existe entre une formation esthétique appropriée et la préservation de l'environnement[150] ». Prêter attention à la beauté, et l'aimer, nous aide à sortir du pragmatisme utilitariste. Quand quelqu'un n'apprend pas à s'arrêter pour observer et pour évaluer ce qui est beau, il n'est pas étonnant que tout devienne pour lui objet d'usage et d'abus sans scrupule. En même temps, si l'on veut obtenir des changements profonds, il faut garder présent à l'esprit que les paradigmes de la pensée influent réellement sur les comportements. L'éducation sera inefficace, et ses efforts seront vains, si elle n'essaie pas aussi de répandre un nouveau paradigme concernant l'être humain, la vie, la société et la relation avec la nature. Autrement, le paradigme consumériste, transmis par les moyens de communication sociale et les engrenages efficaces du marché, continuera de progresser.

150. Id., *Message pour la journée mondiale de la Paix 1990*, n° 14 : AAS 82, 1990, p. 155.

III. La conversion écologique

216. La grande richesse de la spiritualité chrétienne, générée par vingt siècles d'expériences personnelles et communautaires, offre une belle contribution à la tentative de renouveler l'humanité. Je veux proposer aux chrétiens quelques lignes d'une spiritualité écologique qui trouvent leur origine dans des convictions de notre foi, car ce que nous enseigne l'Évangile a des conséquences sur notre façon de penser, de sentir et de vivre. Il ne s'agit pas de parler tant d'idées, mais surtout de motivations qui naissent de la spiritualité pour alimenter la passion de la préservation du monde. Il ne sera pas possible, en effet, de s'engager dans de grandes choses seulement avec des doctrines, sans une mystique qui nous anime, sans « les mobiles intérieurs qui poussent, motivent, encouragent et donnent sens à l'action personnelle et communautaire[151] ». Nous devons reconnaître que, nous les chrétiens, nous n'avons pas toujours recueilli et développé les richesses que Dieu a données à l'Église, où la spiritualité n'est déconnectée ni de notre propre corps, ni de la nature, ni des réalités de ce monde ; la spiritualité se vit plutôt avec celles-ci et en elles, en communion avec tout ce qui nous entoure.

217. S'il est vrai que « les déserts extérieurs se multiplient dans notre monde, parce que les déserts intérieurs sont devenus très grands[152] », la crise écologique est un appel à une profonde conversion intérieure. Mais nous devons aussi reconnaître que certains chrétiens, engagés et qui prient, ont l'habitude de se moquer des préoccupations pour l'environnement, avec l'excuse du réalisme et du pragmatisme. D'autres sont passifs, ils

151. Exhortation apostolique *Evangelii gaudium* (24 novembre 2013), n° 261 : AAS 105, 2013, p. 1124.
152. Benoît XVI, *Homélie pour l'inauguration solennelle du ministère pétrinien* (24 avril 2005) : AAS 97, 2005, p. 710.

ne se décident pas à changer leurs habitudes et ils deviennent incohérents. Ils ont donc besoin d'une *conversion écologique**, qui implique de laisser jaillir toutes les conséquences de leur rencontre avec Jésus-Christ sur les relations* avec le monde qui les entoure. Vivre la vocation de protecteurs de l'œuvre de Dieu est une part essentielle d'une existence vertueuse ; cela n'est pas quelque chose d'optionnel ni un aspect secondaire dans l'expérience chrétienne.

218. Pour proposer une relation saine avec la création comme dimension de la conversion intégrale* de la personne, souvenons-nous du modèle de saint François d'Assise. Cela implique aussi de reconnaître ses propres erreurs, péchés, vices ou négligences, et de se repentir de tout cœur, de changer intérieurement. Les évêques australiens ont su exprimer la conversion en termes de réconciliation avec la création : « Pour réaliser cette réconciliation, nous devons examiner nos vies et reconnaître de quelle façon nous offensons la création de Dieu par nos actions et notre incapacité d'agir. Nous devons faire l'expérience d'une conversion, d'un changement du cœur[153]. »

219. Cependant, il ne suffit pas que chacun s'amende pour dénouer une situation aussi complexe que celle qu'affronte le monde actuel. Les individus isolés peuvent perdre leur capacité, ainsi que leur liberté pour surmonter la logique de la raison instrumentale, et finir par être à la merci d'un consumérisme sans éthique et sans dimension sociale ni environnementale. On répond aux problèmes sociaux par des réseaux communautaires, non par la simple somme de biens individuels : « Les exigences de cette œuvre seront si immenses que les possibilités de l'initiative individuelle et la coopération d'hommes formés selon les principes individualistes ne pourront y répondre. Seule une autre attitude provoquera l'union des forces et l'unité de

153. Conférence des évêques catholiques d'Australie, *A New Earth – The Environmental Challenge*, Canberra (2002).

réalisation nécessaires[154].» La conversion écologique requise pour créer un dynamisme de changement durable est aussi une conversion communautaire*.

220. Cette conversion suppose diverses attitudes qui se conjuguent pour promouvoir une protection généreuse et pleine de tendresse. En premier lieu, elle implique gratitude et gratuité, c'est-à-dire une reconnaissance du monde comme don reçu de l'amour du Père, ce qui a pour conséquence des attitudes gratuites de renoncement et des attitudes généreuses même si personne ne les voit ou ne les reconnaît: «Que ta main gauche ignore ce que fait ta main droite [...] et ton Père qui voit dans le secret, te le rendra» (Mt 6, 3-4). Cette conversion implique aussi la conscience amoureuse de ne pas être déconnecté des autres créatures, de former avec les autres êtres de l'univers une belle communion universelle. Pour le croyant, le monde ne se contemple pas de l'extérieur mais de l'intérieur, en reconnaissant les liens par lesquels le Père nous a unis à tous les êtres. En outre, en faisant croître les capacités spécifiques que Dieu lui a données, la conversion écologique conduit le croyant à développer sa créativité et son enthousiasme, pour affronter les drames du monde en s'offrant à Dieu «comme un sacrifice vivant, saint et agréable» (Rm 12, 1). Il ne comprend pas sa supériorité comme motif de gloire personnelle ou de domination irresponsable, mais comme une capacité différente, lui imposant à son tour une grave responsabilité qui naît de sa foi.

221. Diverses convictions de notre foi développées au début de cette encyclique, aident à enrichir le sens de cette conversion, comme la conscience que chaque créature reflète quelque chose de Dieu et a un message à nous enseigner; ou encore l'assurance que le Christ a assumé en lui-même ce monde matériel et qu'à présent, ressuscité, il habite au fond de chaque

154. Romano GUARDINI, *Das Ende der Neuzeit*, p. 72 (éd. fr.: p. 77).

être, en l'entourant de son affection comme en le pénétrant de sa lumière ; et aussi la conviction que Dieu a créé le monde en y inscrivant un ordre et un dynamisme que l'être humain n'a pas le droit d'ignorer. Quand on lit dans l'Évangile que Jésus parle des oiseaux, et dit qu'« aucun d'eux n'est oublié au regard de Dieu » (Lc 12, 6) : pourra-t-on encore les maltraiter ou leur faire du mal ? J'invite tous les chrétiens à expliciter cette dimension de leur conversion, en permettant que la force et la lumière de la grâce reçue s'étendent aussi à leur relation avec les autres créatures ainsi qu'avec le monde qui les entoure, et suscitent cette fraternité sublime avec toute la création, que saint François d'Assise a vécue d'une manière si lumineuse.

IV. Joie et paix

222. La spiritualité chrétienne propose une autre manière de comprendre la qualité de vie, et encourage un style de vie prophétique et contemplatif, capable d'aider à apprécier profondément les choses sans être obsédé par la consommation. Il est important d'assimiler un vieil enseignement, présent dans diverses traditions religieuses, et aussi dans la Bible. Il s'agit de la conviction que « moins est plus ». En effet, l'accumulation constante de possibilités de consommer distrait le cœur et empêche d'évaluer chaque chose et chaque moment. En revanche, le fait d'être sereinement présent à chaque réalité, aussi petite soit-elle, nous ouvre beaucoup plus de possibilités de compréhension et d'épanouissement personnel. La spiritualité chrétienne propose une croissance par la sobriété, et une capacité de jouir avec peu. C'est un retour à la simplicité qui nous permet de nous arrêter pour apprécier ce qui est petit, pour remercier des possibilités que la vie offre, sans nous attacher à ce que nous avons ni nous attrister de ce que nous ne possédons pas. Cela suppose d'éviter la dynamique de la domination et de la simple accumulation de plaisirs.

223. La sobriété[a], qui est vécue avec liberté et de manière consciente, est libératrice. Ce n'est pas moins de vie, ce n'est pas une basse intensité de vie mais tout le contraire; car, en réalité ceux qui jouissent plus et vivent mieux chaque moment, sont ceux qui cessent de picorer ici et là en cherchant toujours ce qu'ils n'ont pas, et qui font l'expérience de ce qu'est valoriser chaque personne et chaque chose, en apprenant à entrer en contact et en sachant jouir des choses les plus simples. Ils ont ainsi moins de besoins insatisfaits, et sont moins fatigués et moins tourmentés. On peut vivre intensément avec peu, surtout quand on est capable d'apprécier d'autres plaisirs et qu'on trouve satisfaction dans les rencontres fraternelles, dans le service, dans le déploiement de ses charismes, dans la musique et l'art, dans le contact avec la nature, dans la prière. Le bonheur requiert de savoir limiter certains besoins qui nous abrutissent, en nous rendant ainsi disponibles aux multiples possibilités qu'offre la vie.

224. La sobriété et l'humilité n'ont pas bénéficié d'un regard positif au cours du siècle dernier. Mais quand l'exercice d'une vertu s'affaiblit d'une manière généralisée dans la vie personnelle et sociale, cela finit par provoquer des déséquilibres multiples, y compris des déséquilibres environnementaux. C'est pourquoi, il ne suffit plus de parler seulement de l'intégrité des écosystèmes. Il faut oser parler de l'intégrité de la vie humaine, de la nécessité d'encourager et de conjuguer toutes

---

a. « Sobriété heureuse » (P. Rabhi), « abondance frugale » (S. Latouche), « simplicité joyeuse » (M. Kopp), « bien vivre »... Toutes ces expressions invitent à un regard positif sur la conversion écologique. François parle lui aussi de sobriété heureuse, comme expérience libératrice, attitude du cœur source d'une présence aux autres et aux choses, limite posée à l'« abrutissement » d'un mode de consommation, mais pour une nouvelle disponibilité aux dons de la création (223-226).

les grandes valeurs. La disparition de l'humilité chez un être humain, enthousiasmé malheureusement par la possibilité de tout dominer sans aucune limite, ne peut que finir par porter préjudice à la société et à l'environnement. Il n'est pas facile de développer cette saine humilité ni une sobriété heureuse si nous nous rendons autonomes, si nous excluons Dieu de notre vie et que notre moi prend sa place, si nous croyons que c'est notre propre subjectivité qui détermine ce qui est bien ou ce qui est mauvais.

225. Par ailleurs, aucune personne ne peut mûrir dans une sobriété heureuse, sans être en paix avec elle-même. La juste compréhension de la spiritualité consiste en partie à amplifier ce que nous entendons par paix, qui est beaucoup plus que l'absence de guerre. La paix intérieure des personnes tient, dans une large mesure, de la préservation de l'écologie et du bien commun*, parce que, authentiquement vécue, elle se révèle dans un style de vie équilibré joint à une capacité d'admiration qui mène à la profondeur de la vie. La nature est pleine de mots d'amour, mais comment pourrons-nous les écouter au milieu du bruit constant, de la distraction permanente et anxieuse, ou du culte de l'apparence ? Beaucoup de personnes font l'expérience d'un profond déséquilibre qui les pousse à faire les choses à toute vitesse pour se sentir occupées, dans une hâte constante qui, à son tour, les amène à renverser tout ce qu'il y a autour d'eux. Cela a un impact sur la manière dont on traite l'environnement. Une écologie intégrale* implique de consacrer un peu de temps à retrouver l'harmonie sereine avec la création, à réfléchir sur notre style de vie et sur nos idéaux, à contempler le Créateur, qui vit parmi nous et dans ce qui nous entoure, dont la présence « ne doit pas être fabriquée, mais découverte, dévoilée[155] ».

155. Exhortation apostolique *Evangelii gaudium* (24 novembre 2013), n° 71 : AAS 105, 2013, p. 1050.

226. Nous parlons d'une attitude du cœur, qui vit tout avec une attention sereine, qui sait être pleinement présent à quelqu'un sans penser à ce qui vient après, qui se livre à tout moment comme un don divin qui doit être pleinement vécu. Jésus nous enseignait cette attitude quand il nous invitait à regarder les lys des champs et les oiseaux du ciel, ou quand en présence d'un homme inquiet «il fixa sur lui son regard et l'aima» (Mc 10, 21). Il était pleinement présent à chaque être humain et à chaque créature, et il nous a ainsi montré un chemin pour surmonter l'anxiété maladive qui nous rend superficiels, agressifs et consommateurs effrénés.

227. S'arrêter pour rendre grâce à Dieu avant et après les repas est une expression de cette attitude. Je propose aux croyants de renouer avec cette belle habitude et de la vivre en profondeur. Ce moment de la bénédiction, bien qu'il soit très bref, nous rappelle notre dépendance de Dieu pour la vie, il fortifie notre sentiment de gratitude pour les dons de la création, reconnaît ceux qui par leur travail* fournissent ces biens, et renforce la solidarité avec ceux qui sont le plus dans le besoin.

V. Amour civil et politique

228. La préservation de la nature fait partie d'un style de vie qui implique une capacité de cohabitation* et de communion. Jésus nous a rappelé que nous avons Dieu comme Père commun, ce qui fait de nous des frères. L'amour fraternel ne peut être que gratuit, il ne peut jamais être une rétribution pour ce qu'un autre réalise ni une avance pour ce que nous espérons qu'il fera. C'est pourquoi, il est possible d'aimer les ennemis. Cette même gratuité nous amène à aimer et à accepter le vent, le soleil ou les nuages, bien qu'ils ne se soumettent pas à notre contrôle. Voilà pourquoi nous pouvons parler d'une *fraternité universelle*.

229. Il faut reprendre conscience que nous avons besoin les uns des autres, que nous avons une responsabilité vis-à-vis des autres et du monde, que cela vaut la peine d'être bons et honnêtes. Depuis trop longtemps déjà, nous sommes dans la dégradation morale, en nous moquant de l'éthique, de la bonté, de la foi, de l'honnêteté. L'heure est arrivée de réaliser que cette joyeuse superficialité nous a peu servi. Cette destruction de tout fondement de la vie sociale finit par nous opposer les uns aux autres, chacun cherchant à préserver ses propres intérêts ; elle provoque l'émergence de nouvelles formes de violence et de cruauté, et empêche le développement d'une vraie culture de protection de l'environnement.

230. L'exemple de sainte Thérèse de Lisieux nous invite à pratiquer la petite voie de l'amour, à ne pas perdre l'occasion d'un mot aimable, d'un sourire, de n'importe quel petit geste qui sème paix et amitié. Une écologie intégrale* est aussi faite de simples gestes quotidiens par lesquels nous rompons la logique de la violence, de l'exploitation, de l'égoïsme. En attendant, le monde de la consommation exacerbée est en même temps le monde du mauvais traitement de la vie sous toutes ses formes.

231. L'amour, fait de petits gestes d'attention mutuelle, est aussi civil et politique, et il se manifeste dans toutes les actions qui essaient de construire un monde meilleur. L'amour de la société et l'engagement pour le bien commun* sont une forme excellente de charité[a] qui, non seulement concerne les

---

a. Cet encouragement à l'engagement au service du bien commun — engagement civil et politique — comme forme excellente de la charité est une constante de la part des papes. Pie XI parlait de la politique comme de la « forme la plus large de la charité ». Paul VI disait que « la politique est une manière exigeante de vivre l'engagement chrétien au service des autres » (OA 46). Benoît XVI reconnaît dans l'activité politique l'« expression de la charité sociale » (*Deus Caritas est* 29) et ose même unir, dans une formule paradoxale, les mots *charité* et *institution*, invitant les chrétiens à s'engager

relations* entre les individus mais aussi les « macro-relations : rapports sociaux, économiques, politiques[156] ». C'est pourquoi, l'Église a proposé au monde l'idéal d'une « civilisation de l'amour[157] ». L'amour social est la clef d'un développement authentique : « Pour rendre la société plus humaine, plus digne de la personne, il faut revaloriser l'amour dans la vie sociale — au niveau politique, économique, culturel —, en en faisant la norme constante et suprême de l'action[158]. » Dans ce cadre, joint à l'importance des petits gestes quotidiens, l'amour social nous pousse à penser aux grandes stratégies à même d'arrêter efficacement la dégradation de l'environnement et d'encourager une *culture de protection* qui imprègne toute la société. Celui qui reconnaît l'appel de Dieu à agir de concert avec les autres dans ces dynamiques sociales doit se rappeler que cela fait partie de sa spiritualité, que c'est un exercice de la charité, et que, de cette façon, il mûrit et il se sanctifie.

232. Tout le monde n'est pas appelé à travailler directement en politique ; mais au sein de la société germe une variété innombrable d'associations qui interviennent en faveur du bien commun* en préservant l'environnement naturel et urbain. Par exemple, elles s'occupent d'un lieu public (un édifice, une fontaine, un monument abandonné, un paysage, une place) pour protéger, pour assainir, pour améliorer ou pour embellir quelque chose qui appartient à tous. Autour d'elles, se développent ou se reforment des liens, et un nouveau tissu social local surgit. Une

156. Benoît XVI, lettre encyclique *Caritas in veritate* (29 juin 2009), n° 2 : AAS 101, 2009, p. 642.
157. Paul VI, *Message pour la journée mondiale de la Paix 1977* : AAS 68, 1976, p. 709.
158. Conseil pontifical Justice et Paix, *Compendium de la Doctrine sociale de l'Église*, n° 582.

---

dans « la voie institutionnelle — politique peut-on dire aussi — de la charité » (CV 7).

communauté se libère ainsi de l'indifférence consumériste. Cela implique la culture d'une identité commune, d'une histoire qui se conserve et se transmet. De cette façon, le monde et la qualité de vie des plus pauvres* sont préservés, grâce à un sens solidaire qui est en même temps la conscience d'habiter une maison commune* que Dieu nous a prêtée. Ces actions communautaires, quand elles expriment un amour qui se livre, peuvent devenir des expériences spirituelles intenses.

VI. Les signes sacramentaux et le repos pour célébrer

233. L'univers se déploie en Dieu, qui le remplit tout entier. Il y a donc une mystique dans une feuille, dans un chemin, dans la rosée, dans le visage du pauvre. L'idéal n'est pas seulement de passer de l'extérieur à l'intérieur pour découvrir l'action de Dieu dans l'âme, mais aussi d'arriver à le trouver en toute chose[159], comme l'enseignait saint Bonaventure : « La contemplation est d'autant plus éminente que l'homme sent en lui-même l'effet de la grâce divine et qu'il sait trouver Dieu dans les créatures extérieures[160]. »

234. Saint Jean de la Croix enseignait que ce qu'il y a de bon dans les choses et dans les expériences du monde « se ren-

159. Un maître spirituel, Alî al-Khawwâç, à partir de sa propre expérience, soulignait aussi la nécessité de ne pas trop séparer les créatures du monde de l'expérience intérieure de Dieu. Il affirmait : « Il ne faut donc pas blâmer de parti pris les gens de chercher l'extase dans la musique et la poésie. Il y a un "secret" subtil dans chacun des mouvements et des sons de ce monde. Les initiés arrivent à saisir ce que disent le vent qui souffle, les arbres qui se penchent, l'eau qui coule, les mouches qui bourdonnent, les portes qui grincent, le chant des oiseaux, le pincement des cordes, les sifflements de la flûte, le soupir des malades, le gémissement de l'affligé... », Eva DE VITRAY-MEYEROVITCH (éd.), *Anthologie du soufisme*, Sindbad, Paris, 1978, p. 200.
160. *In II Sent.*, 23, 2, 3.

contre[nt] en Dieu éminemment et à l'infini, ou pour mieux dire, chacune de ces excellences est Dieu même, comme toutes ces excellences réunies sont Dieu même[161] ». Non parce que les choses limitées du monde seraient réellement divines, mais parce que le mystique fait l'expérience de la connexion intime qui existe entre Dieu et tous les êtres, et ainsi « il sent que Dieu est toutes les choses[162] ». S'il admire la grandeur d'une montagne, il ne peut pas la séparer de Dieu, et il perçoit que cette admiration intérieure qu'il vit doit reposer dans le Seigneur : « Les montagnes sont élevées ; elles sont fertiles, spacieuses, belles, gracieuses, fleuries et embaumées. Mon Bien-Aimé est pour moi ces montagnes. Les vallons solitaires sont paisibles, agréables, frais et ombragés. L'eau pure y coule en abondance. Ils charment et recréent les sens par leur végétation variée et par les chants mélodieux des oiseaux qui les habitent. Ils procurent la fraîcheur et le repos par la solitude et le silence qui y règnent. Mon Bien-Aimé est pour moi ces vallons[163]. »

235. Les sacrements sont un mode privilégié de la manière dont la nature est assumée par Dieu et devient médiation de la vie surnaturelle. À travers le culte, nous sommes invités à embrasser le monde à un niveau différent. L'eau, l'huile, le feu et les couleurs sont assumés avec toute leur force symbolique et s'incorporent à la louange. La main qui bénit est instrument de l'amour de Dieu et reflet de la proximité de Jésus-Christ qui est venu nous accompagner sur le chemin de la vie. L'eau qui se répand sur le corps de l'enfant baptisé est signe de vie nouvelle. Nous ne nous évadons pas du monde, et nous ne nions pas la nature quand nous voulons rencontrer Dieu. Cela peut se percevoir particulièrement dans la spiritualité chrétienne orientale :

161. *Cantique spirituel*, XIV-XV, 5 (*Œuvres complètes*, Cerf, Paris, 1990, p. 409-410).
162. *Ibid.*
163. *Ibid.*, XIV, 6-7 (p. 410).

« La beauté, qui est l'un des termes privilégiés en Orient pour exprimer la divine harmonie et le modèle de l'humanité transfigurée, se révèle partout : dans les formes du sanctuaire, dans les sons, dans les couleurs, dans les lumières, dans les parfums[164]. » Selon l'expérience chrétienne, toutes les créatures de l'univers matériel trouvent leur vrai sens dans le Verbe incarné, parce que le Fils de Dieu a intégré dans sa personne une partie de l'univers matériel, où il a introduit un germe de transformation définitive : « Le christianisme ne refuse pas la matière, la corporéité, qui est au contraire pleinement valorisée dans l'acte liturgique, dans lequel le corps humain montre sa nature intime de temple de l'Esprit et parvient à s'unir au Seigneur Jésus, lui aussi fait corps pour le salut du monde[165]. »

236. Dans l'Eucharistie, la création trouve sa plus grande élévation. La grâce, qui tend à se manifester d'une manière sensible, atteint une expression extraordinaire quand Dieu fait homme, se fait nourriture pour sa créature. Le Seigneur, au sommet du mystère de l'Incarnation, a voulu rejoindre notre intimité à travers un fragment de matière. Non d'en haut, mais de l'intérieur, pour que nous puissions le rencontrer dans notre propre monde. Dans l'Eucharistie, la plénitude est déjà réalisée ; c'est le centre vital de l'univers, le foyer débordant d'amour et de vie inépuisables. Uni au Fils incarné, présent dans l'Eucharistie, tout le cosmos rend grâce à Dieu. En effet, l'Eucharistie est en soi un acte d'amour cosmique : « Oui, cosmique ! Car, même lorsqu'elle est célébrée sur un petit autel d'une église de campagne, l'Eucharistie est toujours célébrée, en un sens, *sur l'autel du monde*[166]. » L'Eucharistie unit le ciel et la terre, elle embrasse

164. JEAN-PAUL II, lettre apostolique *Orientale lumen* (2 mai 1995), n° 11 : AAS 87, 1995, p. 757.

165. *Ibid.*

166. Lettre encyclique *Ecclesia de Eucharistia* (17 avril 2003), n° 8 : AAS 95, 2003, p. 438.

et pénètre toute la création. Le monde qui est issu des mains de Dieu, retourne à lui dans une joyeuse et pleine adoration: dans le Pain eucharistique, « la création est tendue vers la divinisation, vers les saintes noces, vers l'unification avec le Créateur lui-même[167] ». C'est pourquoi, l'Eucharistie est aussi source de lumière et de motivation pour nos préoccupations concernant l'environnement, et elle nous invite à être gardiens de toute la création.

237. Le dimanche, la participation à l'Eucharistie a une importance spéciale. Ce jour, comme le sabbat juif, est offert comme le jour de la purification des relations* de l'être humain avec Dieu, avec lui-même, avec les autres et avec le monde. Le dimanche est le jour de la résurrection, le « premier jour » de la nouvelle création, dont les prémices sont l'humanité ressuscitée du Seigneur, gage de la transfiguration finale de toute la réalité créée. En outre, ce jour annonce « le repos éternel de l'homme en Dieu[168] ». De cette façon, la spiritualité chrétienne intègre la valeur du loisir et de la fête. L'être humain tend à réduire le repos contemplatif au domaine de l'improductif ou de l'inutile, en oubliant qu'ainsi il retire à l'œuvre qu'il réalise le plus important: son sens. Nous sommes appelés à inclure dans notre agir une dimension réceptive et gratuite, qui est différente d'une simple inactivité. Il s'agit d'une autre manière d'agir qui fait partie de notre essence. Ainsi, l'action humaine est préservée non seulement de l'activisme vide, mais aussi de la passion vorace et de l'isolement de la conscience qui amène à poursuivre uniquement le bénéfice personnel. La loi du repos hebdomadaire imposait de chômer le septième jour « afin que se reposent ton bœuf et ton âne et que reprennent souffle le fils de ta servante ainsi que l'étranger » (Ex 23, 12). En effet, le repos est un élargis-

167. Benoît XVI, *Homélie à l'occasion de la messe du Corpus Domini* (15 juin 2006): AAS 98, 2006, p. 513.
168. Cf. *Catéchisme de l'Église catholique*, n° 2175.

sement du regard qui permet de reconnaître à nouveau les droits des autres. Ainsi, le jour du repos, dont l'Eucharistie est le centre, répand sa lumière sur la semaine tout entière et il nous pousse à intérioriser la protection de la nature et des pauvres*.

VII. La Trinité et la relation entre les créatures

238. Le Père est l'ultime source de tout, fondement aimant et communicatif de tout ce qui existe. Le Fils, qui le reflète, et par qui tout a été créé, s'est uni à cette terre quand il a été formé dans le sein de Marie. L'Esprit, lien infini d'amour, est intimement présent au cœur de l'univers en l'animant et en suscitant de nouveaux chemins. Le monde a été créé par les trois Personnes comme un unique principe divin, mais chacune d'elles réalise cette œuvre commune selon ses propriétés personnelles. C'est pourquoi « lorsque [...] nous contemplons avec admiration l'univers dans sa grandeur et sa beauté, nous devons louer la Trinité tout entière[169] ».

239. Pour les chrétiens, croire en un Dieu qui est un et communion trinitaire, incite à penser que toute la réalité contient en son sein une marque proprement trinitaire. Saint Bonaventure en est arrivé à affirmer que, avant le péché, l'être humain pouvait découvrir comment chaque créature « atteste que Dieu est trine ». Le reflet de la Trinité pouvait se reconnaître dans la nature « quand ce livre* n'était pas obscur pour l'homme et que le regard de l'homme n'avait pas été troublé[170] ». Le saint franciscain nous enseigne *que toute créature porte en soi une structure proprement trinitaire*, si réelle qu'elle pourrait être spontanément contemplée si le regard de l'être humain n'était pas limité,

169. JEAN-PAUL II, *Catéchèse* (2 août 2000), n° 4 : *Insegnamenti* 23/2, 2000,
170. *Quaest. disp. de Myst. Trinitatis*, 1, 2, concl.

obscur et fragile. Il nous indique ainsi le défi d'essayer de lire la réalité avec une clé trinitaire.

240. Les Personnes divines sont des relations subsistantes*, et le monde, créé selon le modèle divin, est un tissu de relations. Les créatures tendent vers Dieu, et c'est le propre de tout être vivant de tendre à son tour vers autre chose, de telle manière qu'au sein de l'univers nous pouvons trouver d'innombrables relations constantes qui s'entrelacent secrètement[171]. Cela nous invite non seulement à admirer les connexions multiples qui existent entre les créatures, mais encore à découvrir une clé de notre propre épanouissement. En effet, plus la personne humaine grandit, plus elle mûrit et plus elle se sanctifie à mesure qu'elle entre en relation, quand elle sort d'elle-même pour vivre en communion avec Dieu, avec les autres et avec toutes les créatures. Elle assume ainsi dans sa propre existence ce dynamisme trinitaire que Dieu a imprimé en elle depuis sa création. Tout est lié, et cela nous invite à mûrir une spiritualité de la solidarité globale qui jaillit du mystère de la Trinité.

VIII. La Reine de toute la création

241. Marie, la Mère qui a pris soin de Jésus, prend soin désormais de ce monde blessé, avec affection et douleur maternelles. Comme, le cœur transpercé, elle a pleuré la mort de Jésus, maintenant elle compatit à la souffrance des pauvres crucifiés et des créatures de ce monde saccagées par le pouvoir humain. Totalement transfigurée, elle vit avec Jésus, et toutes les créatures chantent sa beauté. Elle est la Femme « enveloppée de soleil, la lune est sous ses pieds, et douze étoiles couronnent sa tête » (Ap 12, 1). Élevée au ciel, elle est Mère et Reine de toute la création.

171. Cf. THOMAS D'AQUIN, *Somme théologique*, I, q. 11, art. 3 ; q. 21, art. 1, ad 3 ; q. 47, art. 3.

Dans son corps glorifié, avec le Christ ressuscité, une partie de la création a atteint toute la plénitude de sa propre beauté. Non seulement elle garde dans son cœur toute la vie de Jésus qu'elle conservait fidèlement (cf. Lc 2, 51.51), mais elle comprend aussi maintenant le sens de toutes choses. C'est pourquoi, nous pouvons lui demander de nous aider à regarder ce monde avec des yeux plus avisés.

242. À côté d'elle, dans la Sainte Famille de Nazareth, se détache la figure de saint Joseph. Il a pris soin de Marie et de Jésus ; il les a défendus par son travail et par sa généreuse présence, et il les a libérés de la violence des injustes en les conduisant en Égypte. Dans l'Évangile, il apparaît comme un homme juste, travailleur, fort. Mais de sa figure, émane aussi une grande tendresse, qui n'est pas le propre des faibles, mais le propre de ceux qui sont vraiment forts, attentifs à la réalité pour aimer et pour servir humblement. Voilà pourquoi il a été déclaré protecteur de l'Église universelle. Il peut aussi nous enseigner à protéger, il peut nous motiver à travailler avec générosité et tendresse pour prendre soin de ce monde que Dieu nous a confié.

IX. Au-delà du soleil

243. À la fin, nous nous trouverons face à face avec la beauté infinie de Dieu (cf. 1 Co 13, 12) et nous pourrons lire, avec une heureuse admiration, le mystère de l'univers qui participera avec nous à la plénitude sans fin. Oui, nous voyageons vers le sabbat de l'éternité, vers la nouvelle Jérusalem, vers la maison commune* du ciel. Jésus nous dit : « Voici, je fais l'univers nouveau » (Ap 21, 5). La vie éternelle sera un émerveillement partagé, où chaque créature, transformée d'une manière lumineuse, occupera sa place et aura quelque chose à apporter aux pauvres définitivement libérés.

244. Entre-temps, nous nous unissons pour prendre en charge cette maison qui nous a été confiée, en sachant que tout ce qui est bon en elle sera assumé dans la fête céleste. Ensemble, avec toutes les créatures, nous marchons sur cette terre en cherchant Dieu, parce que « si le monde a un principe et a été créé, il cherche celui qui l'a créé, il cherche celui qui lui a donné un commencement, celui qui est son Créateur[172] ». Marchons en chantant ! Que nos luttes et notre préoccupation pour cette planète ne nous enlèvent pas la joie de l'espérance*.

245. Dieu qui nous appelle à un engagement généreux, et à tout donner, nous offre les forces ainsi que la lumière dont nous avons besoin pour aller de l'avant. Au cœur de ce monde, le Seigneur de la vie qui nous aime tant, continue d'être présent. Il ne nous abandonne pas, il ne nous laisse pas seuls, parce qu'il s'est définitivement uni à notre terre, et son amour nous porte toujours à trouver de nouveaux chemins. Loué soit-il.

* * *

246. Après cette longue réflexion, à la fois joyeuse et dramatique, je propose deux prières : l'une que nous pourrons partager, nous tous qui croyons en un Dieu Créateur Tout-Puissant ; et l'autre pour que nous, chrétiens, nous sachions assumer les engagements que nous propose l'Évangile de Jésus, en faveur de la création.

Prière pour notre terre

Dieu Tout-Puissant
qui es présent dans tout l'univers
et dans la plus petite de tes créatures,

172. Basile le Grand, *Sur l'Hexaemeron*, 1, 2, 6 : PG 29, col. 8.

Toi qui entoures de ta tendresse tout ce qui existe,
répands sur nous la force de ton amour pour que nous
protégions la vie et la beauté.
Inonde-nous de paix, pour que nous vivions comme
frères et sœurs
sans causer de dommages à personne.
Ô Dieu des pauvres,
aide-nous à secourir les abandonnés
et les oubliés de cette terre
qui valent tant à tes yeux.
Guéris nos vies,
pour que nous soyons des protecteurs du monde et non
des prédateurs,
pour que nous semions la beauté
et non la pollution ni la destruction.
Touche les cœurs
de ceux qui cherchent seulement des profits
aux dépens de la terre et des pauvres.
Apprends-nous à découvrir
la valeur de chaque chose,
à contempler, émerveillés,
à reconnaître que nous sommes profondément unis
à toutes les créatures
sur notre chemin vers ta lumière infinie.
Merci parce que tu es avec nous tous les jours.
Soutiens-nous, nous t'en prions,
dans notre lutte pour la justice, l'amour et la paix.

Prière chrétienne avec la création

Nous te louons, Père, avec toutes tes créatures,
qui sont sorties de ta main puissante.
Elles sont tiennes, et sont remplies de ta présence
comme de ta tendresse.
Loué sois-tu.

Fils de Dieu, Jésus,
toutes choses ont été créées par toi.
Tu t'es formé dans le sein maternel de Marie,
tu as fait partie de cette terre,
et tu as regardé ce monde avec des yeux humains.
Aujourd'hui tu es vivant en chaque créature
avec ta gloire de ressuscité.
Loué sois-tu.

Esprit saint, qui par ta lumière
orientes ce monde vers l'amour du Père
et accompagnes le gémissement de la création,
tu vis aussi dans nos cœurs
pour nous inciter au bien.
Loué sois-tu.

Ô Dieu, Un et Trine,
communauté sublime d'amour infini,
apprends-nous à te contempler
dans la beauté de l'univers,
où tout nous parle de toi.
Éveille notre louange et notre gratitude
pour chaque être que tu as créé.

Donne-nous la grâce
de nous sentir intimement unis à tout ce qui existe.
Dieu d'amour, montre-nous
notre place dans ce monde
comme instruments de ton affection
pour tous les êtres de cette terre,
parce qu'aucun n'est oublié de toi.
Illumine les détenteurs du pouvoir et de l'argent
pour qu'ils se gardent du péché de l'indifférence,
aiment le bien commun, promeuvent les faibles,
et prennent soin de ce monde que nous habitons.
Les pauvres et la terre implorent :
Seigneur, saisis-nous
par ta puissance et ta lumière
pour protéger toute vie,
pour préparer un avenir meilleur,
pour que vienne
ton Règne de justice, de paix, d'amour et de beauté.
Loué sois-tu.
Amen.

Donné à Rome, près de Saint-Pierre, le 24 mai 2015, solennité de Pentecôte, en la troisième année de mon pontificat.

Questions pédagogiques

- Quels changements concrets pourrais-je introduire dans mon style de vie, tant dans ma vie quotidienne que dans mon attitude face à la nature, à autrui et à Dieu ?
- « Moins est plus » : quels sont les « moins » qui feraient de la place pour trouver des « plus » ?
- De quelle manière nos célébrations eucharistiques pourraient-elles mieux inclure la reconnaissance face à la création reçue, l'interdépendance entre tous les êtres vivants et l'espérance d'un monde nouveau déjà en gestation ?

GLOSSAIRE

Anthropocentrisme

L'anthropocentrisme est une vision philosophique ou religieuse qui met l'homme au centre de l'univers et de son devenir. En quoi l'homme est-il unique parmi les créatures ? Non pas comme un despote qui pourrait les utiliser comme de simples objets, qui lui sont « subordonnés » (69), mais en raison de sa dignité particulière d'être doué d'intelligence, ouvert à la réciprocité et au sens d'un bien commun, considérant les créatures pour leur propre valeur à respecter, contempler, déployer. Le troisième chapitre (115, 118, 119, 122) souligne les déviances d'un anthropocentrisme qui néglige la relation avec la terre et les autres êtres vivants. L'enjeu dans ce chapitre est de montrer comment un anthropocentrisme adéquat peut porter à la fois le souci de la terre et des plus faibles parmi les humains. L'homme a la responsabilité d'orienter la terre et de contribuer ainsi à sa propre libération (tout n'est pas parfait, achevé, dans la nature). « La création attend avec impatience la révélation des fils de Dieu [...] elle garde l'espérance, car elle aussi sera libérée de l'esclavage, de la corruption » (Rm 8, 19-21).

Autorité politique mondiale

Depuis Jean XXIII, l'enseignement social de l'Église, prenant acte du fait que « le bien commun universel pose des problèmes de dimension mondiale » (PT 137), affirme qu'une

« autorité politique de compétence universelle » est nécessaire pour résoudre ces problèmes. Benoît XVI précise que cette « gouvernance » de la mondialisation doit être pensée non pas d'en haut, de façon technocratique, mais dans le dialogue et l'articulation entre de multiples niveaux et différents domaines de responsabilités. La nécessité d'une « autorité publique [...] qui puisse exercer son action sur toute l'étendue de la terre » (PT 137) se fait d'autant plus sentir que l'agenda des questions à traiter au niveau planétaire ne cesse de s'étendre.

Le pape François cite son prédécesseur : « Pour le gouvernement de l'économie mondiale, pour assainir les économies frappées par la crise, pour procéder à un souhaitable désarmement intégral, pour arriver à la sécurité alimentaire et à la paix, pour assurer la protection de l'environnement et pour régler les flux migratoires, il est urgent que soit mise en place une véritable *Autorité politique mondiale* » (CV 67). Mais il élargit la perspective, invitant à mener ensemble deux combats trop souvent séparés : la réduction de la pollution et le développement des pays et des régions pauvres. Sa grande préoccupation est la faiblesse des structures politiques en face des forces économiques qui, elles, agissent sans être vraiment contrôlées à un niveau global.

Bien commun / biens communs

On parle de « biens communs » (au pluriel) pour désigner des enjeux sociaux à l'échelle de la planète. L'usage de ces biens, pour améliorer la vie humaine, dépasse les frontières et concerne aussi bien les générations futures que présentes. Ce sont des éléments de la nature (l'eau, l'air, etc.) partagés entre tous, mais aussi des réalisations comme des découvertes scientifiques, des cultures...

Ils ne sauraient être confisqués par quelques-uns, puisqu'ils représentent un patrimoine commun de l'humanité. Aussi se pose la question de leur gouvernance, qui tienne compte de l'équité entre tous. Cette notion de « biens communs » dépasse celle de « biens publics », qui s'en tient à une approche surtout économique.

Le concept de «Bien commun» (au singulier) relève d'une acception beaucoup plus forte et plus large dans l'enseignement social de l'Église. Il désigne «l'ensemble des conditions sociales permettant à la personne d'atteindre mieux et plus facilement son plein épanouissement» (MM 65). Il est une visée, un processus toujours à poursuivre, pour que le vivre ensemble soit au service de l'épanouissement de chacun. Il est à la fois le bien de la communauté et ce qui permet à chacun de mener une vie pleinement humaine (nourriture, habitat, éducation, liberté, paix, etc.). Il implique la participation de tous et la coopération sociale. Pour l'Église, c'est la tâche spécifique du politique que de viser le «Bien commun».

Conversion

Conversion signifie «retournement, changement de direction». La «conversion écologique», selon le pape, engage le chrétien à repartir à la conquête de la richesse de ses sources : la bonne nouvelle d'une création qui nous est donnée. Pour répondre à la crise écologique, les solutions techniques ne suffiront pas, ni même une législation, car «lorsque c'est la culture qui se corrompt, les lois ne sont qu'un obstacle à contourner» (123) ; c'est donc une «conversion intégrale» (218) qui est demandée, une conversion de nos imaginaires, de nos comportements, de notre rapport aux objets, à la nature, aux autres. Une conversion qui reconnaît nos négligences : elle est «repentir», dit le patriarche Bartholomée (8), car le culte de l'avoir, l'esprit de compétition nous ont souvent détournés du dessein de Dieu. Elle est «réconciliation» avec la création et libère un engagement nouveau pour affronter les malheurs du monde (218).
La conversion est aussi communautaire, expérience partagée d'un chemin. Elle n'est pas optionnelle (217). Comme dans l'Évangile, elle nous fait entendre l'annonce : «Le royaume de Dieu est proche» (Mt 4,17). Savons-nous lire les signes de cet appel aujourd'hui ?
Voir la présentation du sixième chapitre par Elena Lasida.

Croissance / Décroissance

La croissance, concept clé de l'économie contemporaine, mesure en pourcentage la progression annuelle du Produit intérieur brut (PIB). Les contradictions de ce concept sont atteintes quand « des offres de consommation continuent de progresser sans limite » (34). Doit-on, comme le proposent certains, s'engager sur la voie d'une décroissance (cf. S. Latouche, *Vers une société d'abondance frugale. Contresens et controverses sur la décroissance*, Mille et une nuits, Paris, 2011) ? Le mot fait peur à beaucoup ! Mais il veut s'attaquer à l'idéologie d'un progrès qui ne peut se poursuivre qu'en puisant toujours davantage dans les ressources naturelles, pourtant limitées. L'enjeu n'est donc pas de vouloir la décroissance pour elle-même mais de rompre la relation entre croissance du PIB pour les uns et injustice pour les autres. Le mot « décroissance » questionne toutes les demi-réponses, les « justes milieux » (194), qui permettent de ne pas regarder en face la gravité des enjeux : « L'heure est venue d'accepter une certaine décroissance dans quelques parties du monde, mettant à disposition des ressources pour une saine croissance en d'autres parties » (193). Une « certaine » décroissance est aussi, paradoxalement, le chemin d'une vie bonne, respectueuse du bien commun.
Voir aussi « Développement ».

Démystifier la nature

La nature nous ouvre à la contemplation, à la gratuité, à l'accueil d'une réalité qui nous dépasse. Il ne s'agit pas pour autant de la diviniser. Renoncer au mythe du progrès, ce n'est pas renouer avec les anciens mythes, derrière lesquels peut se cacher une soumission à la fatalité : « Une divinisation de la terre nous priverait de l'appel à collaborer avec elle et à protéger sa fragilité » (90). La nature est aussi lieu de combat et de malheur ; elle demande, elle aussi, à être libérée. Elle n'est pas un « sacré » étranger, mais le lieu d'une histoire avec l'homme, attendant d'être guidée, dans le respect sacré de sa propre valeur (89). Elle est « révélation » (cf. « Le Livre de la nature») dans sa diversité, sa beauté, ses potentialités. Elle invite ainsi à «chanter» avec elle (85) l'hymne d'une existence qui nous est donnée et qui est appelée à grandir.

Avec la révélation biblique, le sacré change de sens. Il traduit, au cœur même de la vie «profane», un appel à l'ouverture à un plus grand. Mais celui-ci ne s'impose pas de l'extérieur, suscitant crainte et soumission. Il désigne une présence qui est source. Il engage à respecter une dignité inaliénable qui se reconnaît précisément à travers les relations. Le sacré devient histoire sainte, «sacrement» d'une plénitude promise.

Destination universelle des biens

«Dieu a destiné la terre et tout ce qu'elle contient à l'usage de tous les hommes et de tous les peuples, en sorte que les biens de la création doivent équitablement affluer entre les mains de tous» (GS 69). Tout être humain a donc le droit de trouver dans les biens de la création de quoi vivre, et vivre bien (pas seulement le «minimum vital»).

Dieu nous confie la responsabilité de faire fructifier les biens de la terre pour tous: ceux qui vivent aujourd'hui, mais aussi ceux qui vivront à l'avenir. La terre est un héritage commun et ses fruits doivent bénéficier à tous (93). Il ne s'agit pas d'une idéologie redistributrice, mais de la prise en compte des droits fondamentaux trop souvent négligés: accès à l'eau, à la nourriture, à un toit, à la terre, etc. Faire respecter ce droit universel est une «règle d'or» (93).

La propriété privée a une fonction sociale — sur elle pèse une «hypothèque sociale» (SRS 42) — qui fait qu'elle est soumise aux besoins éventuels de la communauté. Au plan international, ce principe implique un devoir de solidarité vis-à-vis des pays pauvres.

Dette

Le pape distingue la dette financière des pays pauvres, «transformée en un instrument de contrôle» (52) de la dette sociale et de la dette écologique: «Ce monde a une grave dette sociale envers les pauvres qui n'ont pas accès à l'eau potable, parce que *c'est leur nier leur droit à la vie enraciné dans leur dignité inaliénable*» (30). Mais il y a aussi «une vraie dette écologique, particulièrement entre le Nord et le Sud, liée à des déséquilibres commerciaux, avec des conséquences dans le domaine écologique, et à l'utilisation disproportionnée des ressources naturelles, historiquement pratiquée par certains pays» (50). Cette dernière concerne également les générations futures. Sur les liens entre les trois dettes, voir Patrick Viveret: http://www.revue-projet.com/articles/les-trois-dettes/

Développement

Le concile Vatican II a porté sur le développement un regard positif. Il encourage «le progrès technique, l'esprit d'innovation, la création et l'extension d'entreprises, les efforts soutenus de tous ceux qui participent à la production, en un mot tout ce qui peut contribuer à cet essor», mais rappelle que «le but d'une telle production n'est pas la seule multiplication des biens produits, ni le profit, ou la puissance; c'est le service de l'homme: de l'homme tout entier» (GS 64).

Pour Paul VI, «chaque homme est appelé à se développer» (PP 15). Il ne craint pas de parler de «vocation à la croissance», au sens de croissance en humanité, d'accès à l'épanouissement, à la fois personnel et communautaire.

Benoît XVI, s'il reconnaît que la perspective dans laquelle s'inscrivait son prédécesseur visait avant tout à faire sortir les peuples de la faim et de la misère, n'en considère pas moins le «développement comme une vocation» (CV 16), c'est-à-dire un appel qui demande une réponse responsable. Le «développement humain intégral» revêt aujourd'hui une portée de plus en plus complexe (CV 30-33), avec de nouvelles fractures au sein de la famille humaine.

Dialogue

Dès le début, l'encyclique se présente comme un «appel» à entrer en dialogue avec tous, au sujet de notre maison commune. Le ton est direct et personnel, vigoureux souvent, mais sans position de surplomb. Le dialogue sur l'avenir de la planète est la voie proposée pour ouvrir de nouvelles perspectives. Toutes les orientations données au chapitre 5 sont exprimées sous ce titre : dialogue au plan international, au plan national et local, entre politique et économie, entre sciences et religions.

Dans *La joie de l'Évangile*, le pape soulignait déjà cette place du dialogue comme contribution à la paix (EG 238 et 258). Derrière cette insistance, c'est toute une théologie de l'Église qui se dit : «l'Église se fait dialogue» (Paul VI, *Ecclesiam suam* 67) et promeut une vision de l'homme «capable de dialogue» (81). «L'ouverture à un "tu", capable de connaître, d'aimer» est la grande noblesse de la personne humaine (119).

Dignité de la personne humaine

«La personne humaine qui, de par sa nature même, a absolument besoin d'une vie sociale, est et doit être le principe, le sujet et la fin de toutes les institutions» (GS 25). La personne humaine et la reconnaissance de sa dignité sont au centre de l'enseignement social et de toute la pensée morale de l'Église. *Gaudium et spes* décrit longuement dans son premier chapitre, intitulé «La dignité de la personne humaine» (GS 12-22), cette «juste conception de la personne humaine, de sa valeur unique». Pour les chrétiens, les institutions sociales doivent être jugées en fonction de la manière dont elles respectent et promeuvent la dignité de chacun. L'Église précise cette vision de la dignité autour de trois dimensions : son caractère inaliénable — quelles que soient les faiblesses ou les divisions — (RN 1-26 ; GS 12), la condition corporelle de l'homme et de la femme (GS 14) et la dimension relationnelle de l'être humain (CV 53).

Écologie humaine

La manière dont l'expression «écologie humaine» est ici employée est particulièrement notable. Le pape François fait bouger les concepts : alors que le concept d'écologie humaine s'est répandu depuis quelques années pour désigner une manière de respecter la nature biologique de l'être humain,

dans *Laudato si'* l'expression désigne la manière dont les pauvres habitent et sauvent un lieu.
Voir LS 148 et 152 et, en 155, la référence à Benoît XVI parlant d'une «écologie de l'homme».

Écologie intégrale

L'expression s'inspire de celle de Paul VI, parlant dans *Populorum progressio* de «développement intégral»: «Le développement ne se réduit pas à la simple croissance économique. Pour être authentique, il doit être intégral, c'est-à-dire promouvoir tout homme et tout l'homme» (PP 14). Voir aussi Benoît XVI dans CV 8.
L'adjectif «intégral», ici, vise à prendre en compte toute la complexité des enjeux. Il ne s'agit pas de l'écologie «profonde» qui risque de convertir au culte de la terre et de tout lui subordonner, mais du rappel que l'écologie touche en profondeur toutes les dimensions de nos vies, de notre civilisation, de nos modes d'agir et de penser. Il s'agit de se libérer du modèle techno-économique qui ordonne habituellement nos discours et les rend conformes à ses postulats pour tout résoudre.

Espérance

Laudato si', «Loué sois-tu Seigneur!». La louange donne son ton à l'encyclique, réveillant l'espérance. Au-delà de la force du diagnostic, c'est bien l'espérance qui est la clé de notre conversion. Elle fait voir à l'avance un avenir ouvert. Elle exprime la possibilité de tenir ferme et nous guide. Elle nous invite à «reconnaître qu'il y a toujours un chemin de sortie» (61). Elle nous dit que «le monde est plus qu'un problème à résoudre: un mystère joyeux que nous contemplons» (12).
Le grand texte de Vatican II sur la lecture des signes des temps, *Gaudium et spes*, dit que «les joies et les espoirs des hommes de ce temps sont les joies de l'Église». François reprend cette lecture des espoirs et des questions d'aujourd'hui à propos de l'avenir de notre maison commune. Oui, son regard est plein d'espérance.

Tout au long de l'encyclique, il évoque les «potentialités» dont Dieu a doté l'univers (80), les «immenses possibilités» que nous avons pour poursuivre son œuvre de Créateur(192). Comme au temps de Noé, Dieu veut «ouvrir un chemin de salut, la possibilité d'un nouveau commencement» (71).
Voir l'Introduction d'Alain Thomasset et Grégoire Catta.

État

La doctrine sociale de l'Église propose une vision exigeante du rôle de l'État: «Il n'est pas seulement le gardien de l'ordre, mais il doit travailler énergiquement à ce que, par tout l'ensemble des lois et des institutions, fleurisse la propriété publique et privée» (QA 27, citant RN 26). François précise que l'écologie est «nécessairement institutionnelle»: l'État a la charge de réguler les relations impliquées dans le système productif et social (142).

L'État doit orienter la recherche du bien commun; son action est guidée par les deux principes de solidarité — avec «une sollicitude particulière pour les déshérités» (RN 39) — et de subsidiarité, «dans le respect des individus et des groupes» (CA 10).

Il doit certes entrer en dialogue avec les acteurs économiques (189 et suivants), en tenant compte de leurs responsabilités. Mais c'est à lui que revient la décision ultime (OA 46), dans une vision de long terme — en particulier sur les questions visées par l'encyclique. «Planifier, coordonner, veiller et sanctionner sont des fonctions impératives de l'État» (177), mais aussi celle de soutenir toutes les initiatives allant dans le sens du bien commun.

Cette mission est un vrai défi: elle demande de résister aux inerties et aux pressions de ceux qui ne voient que les coûts immédiats des décisions à prendre (181), de repousser toutes les tentations de corruption, d'ouvrir un débat large et transparent (182). «Quand l'État ne joue pas son rôle, ce sont finalement des groupes qui s'approprient le pouvoir», sous les formes les plus diverses, les lobbies et dans certains cas des organisations criminelles (197).

Finance / bulle financière

François interpelle vigoureusement nos sociétés sur la place prise par le pouvoir financier. « L'argent doit servir et non pas gouverner », disait-il dans *La joie de l'Évangile* (EG 58). Mais le secteur financier — où le rêve de gains sans limites (grâce à des technologies de plus en plus sophistiquées) est un puissant moteur — est celui qui résiste le plus aux efforts nécessaires pour sortir d'une vision purement quantitative de l'activité économique : « Le marché à lui seul ne garantit pas le développement humain intégral » (109). La bulle financière, « une bulle productive » (189), contribue à l'impasse dans laquelle nous sommes : « Les finances étouffent l'économie réelle » (109).

Fragilité / Faiblesse

La prise en compte de la fragilité, à rebours de nos rêves de puissance, rejoint le rappel des limites qui s'exprime tout au long de l'encyclique. Quelle place faisons-nous, personnellement et collectivement, à une fragilité que nous voudrions ne pas voir ?

L'accueillir est pourtant le signe que nous reconnaissons la dignité de tout homme — au-delà de ses faiblesses et à travers elles. Les pauvres ne sont pas seulement des personnes assistées mais les premiers acteurs d'une résistance et d'une autre créativité (cf. les interventions du pape devant les délégués des Mouvements populaires, à Rome en octobre 2014 et en Bolivie en juillet 2015).

Générations futures

Le pape reprend la question du droit des générations futures, posée entre autres par Hans Jonas dans le *Principe responsabilité* (Seuil, 1990) : « Chaque communauté peut prélever de la bonté de la terre ce qui lui est nécessaire pour survivre, mais elle a aussi le devoir de la sauvegarder et de garantir la continuité de sa fertilité pour les générations futures » (67). Cette

considération n'est pas sans lien avec le principe du bien commun : « La notion de bien commun inclut aussi les générations futures » (159). Et finalement, avec la compréhension de notre « propre dignité » : « Nous sommes, nous-mêmes, les premiers à avoir intérêt à laisser une planète habitable à l'humanité qui nous succèdera. » Il en va du « sens de notre propre passage sur terre » (160).
Parler du futur, c'est se situer dans une perspective d'espérance et pas seulement d'inquiétude, c'est semer des graines aujourd'hui pour une terre habitable pour tous.

Habiter

Voir « Maison commune ».

Intégral

Intégral s'oppose à isolé, découpé, « spécifique » (139). L'homme est constitué de relations : en lui-même (le morceler c'est blesser son unité, ne pas voir « tout l'homme » dans ses multiples dimensions) et avec les autres (l'oublier c'est rejeter certains, ne pas attendre de « tout homme » sa contribution). L'usage de cet adjectif (« approche intégrale », « solutions intégrales », « conversion intégrale ») souligne qu'il s'agit du sens de la personne humaine et de sa place dans l'univers.
Dans *Populorum progressio*, Paul VI appelait à un « développement intégral ». L'écologie intégrale est pour François l'autre nom de ce développement. Elle invite à prendre en compte les interactions, à l'intérieur de chaque « système », comme entre différents systèmes naturels et avec les systèmes sociaux. « Tout est lié » : agir sur un seul point, sur une seule cause, dans une « confiance aveugle dans les solutions techniques » (14) aurait des effets dommageables. Ainsi, « l'analyse des problèmes environnementaux ne peut être séparée des contextes humains, familiaux, de travail, urbains » (141).
Ce regard intégral est, finalement, une manière de rejoindre le dessein du Créateur, un dessein de communion : tout orienter vers la plénitude en Christ. « C'est dans l'ensemble de la réalité naturelle que le mystère du Christ opère » (99).

Limites

Depuis le rapport du Club de Rome, *The Limits of Growth* (1971), la question de la limite des ressources est un thème central de la littérature écologique. Sous la plume du pape François, ce concept entre dans la doctrine sociale, mais dans le cadre d'une réflexion beaucoup plus large, associée au thème biblique de la limite de la toute-puissance (75), pour critiquer «le mythe moderne du progrès matériel sans limites».

Ce devoir de lucidité s'accompagne d'une invitation à récuser l'individualisme afin de redécouvrir nos liens avec les autres, avec la nature. L'individu séparé n'est pas la référence: sans liens, isolé par lui-même ou exclu, il révèle sa fragilité. Les limites, finalement, sont un appel à vivre en relations. Le développement en humanité n'est pas le rêve d'une simple croissance mais le développement des potentialités de tous, quelles que soient leurs fragilités.

Livre de la nature / Révélation

À côté des Écritures, la nature est un autre Livre, porteur lui aussi de «Révélation». Le pape nous invite à l'ouvrir et à le lire. «Un splendide Livre dans lequel Dieu nous parle et nous révèle quelque chose de sa beauté et de sa bonté» (12). «Son reflet se trouve dans tout ce qui existe» (87). Alors que nous l'utilisons comme un simple objet dont nous usons et que nous jetons, «l'univers matériel est un langage de l'amour de Dieu», un appel à la relation, au déploiement de la vie quelles que soient les fragilités... Pour François, «il y a une mystique dans une feuille, dans un chemin, dans la rosée, dans le visage du pauvre» (233).

Ce Livre est ouvert à tous les hommes, souligne-t-il, citant un maître soufi. Il nous engage à «trouver Dieu en toutes choses» (saint Bonaventure). Il aurait pu rappeler aussi la contemplation qui clôt les *Exercices spirituels* de saint Ignace: «Regarder comment Dieu habite dans les créatures, dans les éléments, les plantes, les animaux, dans les hommes et donc en moi... Comment il travaille en toutes choses créées sur la terre... Demander une connaissance intime du bien reçu» (*Contemplatio ad amorem*, «pour obtenir l'amour»).

Maison commune

Le pape appelle «à prendre soin de ce monde que nous habitons» (prière finale), à prendre soin de «notre maison commune» (titre de l'encyclique). L'expression, qui revient régulièrement dans le texte, mérite d'être remarquée. Les papes ont parlé souvent de la «famille humaine», mais François élargit notre perception: nul ne peut vivre sans habiter. La maison est un foyer, un lieu qui permet de se poser, de se retrouver. Nous sommes appelés à considérer la terre comme «l'habitat» de l'homme et non comme une simple commodité. Un habiter qui est à la fois un don et la construction d'un vivre-ensemble.

La maison est aussi un regroupement (une «maisonnée»): le chez soi n'est pas repli, mais appartenance à une communauté, invitation à des relations multiples.

Nature

L'encyclique parle à plusieurs reprises de «nature», non pas au sens de paysage à contempler et à cultiver, mais au sens d'une vocation inscrite dans chaque créature et en l'homme lui-même: son «essence». Celle-ci n'est pas purement indéterminée, elle est un don et un appel. Le pape n'évoque pas le concept de «loi naturelle», dont la compréhension est parfois difficile, mais reprend seulement le mot «nature», non pas comme une norme extérieure à laquelle se conformer, mais comme un dynamisme reçu. Pour Thomas d'Aquin, cité par François (80), cette vision dynamique désigne un principe d'avenir, englobant non seulement des caractéristiques communes mais celles qui rendent chacun capable de devenir pleinement homme. Thomas d'Aquin parle de «continuation de l'action créatrice», d'«univers de potentialités».

Voir aussi «Livre de la nature».

Option préférentielle pour les pauvres

L'expression a été mise en avant en Amérique latine à la fin des années 60, mais elle se nourrit de l'Évangile et de l'exemple du Christ. L'Église a fait sienne cette expression, qui indique son désir de travailler de manière prioritaire à « soulager, défendre et libérer les pauvres » (Congrégation pour la doctrine de la foi, *Liberté chrétienne et libération*, 68). À la suite de son Seigneur qui a voulu s'identifier « aux plus petits » (Mt 25,40-45) et qui a pris sur lui la misère des hommes (Mt 8,17), l'Église est invitée à exercer un amour de préférence à l'égard de ceux qui sont dans le plus grand besoin, tant par des actions individuelles que par des changements structurels (SRS 42).

Cette option nous rappelle que la création d'un avenir pour tous ne passe pas par un bricolage d'assistance mais par la reconnaissance de la capacité donnée à chacun d'apporter quelque chose au bien commun. Les pauvres sont aussi des acteurs, des créateurs et non pas des appendices de nos communautés (148, 158). Aujourd'hui, étant donné la dimension mondiale de la question sociale, cet amour préférentiel ne peut pas ne pas embrasser tous ceux qui souffrent encore et qui n'ont pas accès à la sécurité sur un sol (cf. SRS 42).

Paradigme technocratique

Les techniques peuvent être des outils physiques mais aussi des procédures (juridiques, politiques, de communication). Elles conduisent à considérer que, face à tout besoin, des solutions peuvent répondre de façon de plus en plus adaptée. Elles sont, certes, invention de chemins nouveaux. Mais elles peuvent être source de l'illusion d'une maîtrise extérieure ou instrumentalisation de l'humain, le « paradigme », autrement dit le modèle, la grille de lecture qui s'impose pour aborder tout problème. C'est une vision de la société comme un grand système, régi par des « lois » de fonctionnement « nécessaires », « optimales » tant au niveau technique qu'économique, dirigé par des technocrates sans véritable esprit critique qui sont des rouages du système. Avec ce paradigme, le souci du développement humain et du bien commun de l'humanité est perdu de vue au profit d'intérêts personnels ou catégoriels immédiats. Le pape reprend une expression du philosophe Herbert Marcuse en parlant d'un «paradigme homogène et unidimensionnel» (106). Son utilisation au singulier souligne le lien avec la science, l'économie, la finance et le caractère aveugle de leur développement.

Pauvres

Voir «Option préférentielle pour les pauvres».

Propriété

Dans la tradition chrétienne, la propriété privée n'est pas un droit de souveraineté. C'est un pouvoir dont chacun aura à rendre compte. Ce pouvoir doit s'exercer dans le sens du Bien commun. Nous sommes ici aux antipodes d'une conception très répandue, qui identifie propriété privée et pouvoir absolu du propriétaire. Thomas d'Aquin rappelait combien la propriété privée favorisait la responsabilité particulière de chacun et, par contrecoup, la liberté authentique (LE 14; CA 30). Les différentes formes de propriété (privée ou publique) ne sont pas considérées comme un droit de propriété mais comme un droit de l'homme à la propriété. La nuance ramène à la finalité: la condition de l'homme comme sujet, pleinement responsable à travers ce qui lui assure l'existence, mais en rapport au bien commun.

Voir paragraphe 115.

Voir aussi «Destination universelle des biens».

Relations

L'être humain est relations. Ce rappel est au cœur de l'anthropologie que défend l'encyclique. Il n'est pas une monade, se déployant en considérant les autres créatures comme de simples utilités. Il vit des liens qu'il noue dans une réciprocité constitutive de son essence. L'écologie appelle à reconnaître les relations multiformes qui existent entre les espèces et leur environnement. «Quand on parle d'environnement, on désigne une relation» et pas seulement un «cadre» (39). Mais cela vaut d'autant plus pour l'homme, dont l'existence «repose sur trois relations fondamentales» (66) : celle qui l'ouvre à un sens, à une transcendance l'appelant à se dépasser, à Dieu ; celle avec les autres ; celle avec la nature. Elles ne sont pas des «systèmes» fermés (mécaniques) mais ouverts, appelant à découvrir d'innombrables formes de participation (79), révélant une «inépuisable richesse» (86). Ce sont elles qui nous nourrissent, qui nous donnent la clé de notre propre épanouissement. On ne saurait d'ailleurs y échapper, sinon ces relations deviennent conflictuelles et finalement destructrices. François nous invite à transformer nos modes de penser et d'agir pour découvrir «le mystère de ces relations» vivantes (20), pour «vivre en communion» (240).

La clé de ce «mystère» n'est-elle pas d'ailleurs en Dieu lui-même ? Les Personnes divines sont des relations subsistantes (240).

Le sacré dans la nature

Voir «Démystifier la nature» et «Livre de la nature».

Sommets mondiaux (COP 21)

Le pape rappelle qu'au sommet de Rio, en 1992, on a proclamé que «les êtres humains sont au centre des préoccupations relatives au développement durable». Le protocole de Kyoto a constitué une première avancée. Mais de Conférence en Conférence, son application et son actualisation se heurtent à des tergiversations et à des conflits sur les modalités. Deux enjeux sont particulièrement à l'ordre du jour : la répartition de l'effort entre pays riches et pays pauvres (les pays en développement considèrent que les engagements pris par les pays développés ne sont pas au niveau de leur responsabilité historique dans les émissions de CO_2) et la question du financement des politiques climatiques, avec la mise en place d'un «Fonds vert», qui met en jeu la promesse de mobiliser 100 milliards par an en direction des pays pauvres.

À la fin de l'année 2015, la COP 21 se réunit près de Paris, au Bourget. Cette «Conférence des Parties» (les États et les Organisations régionales comme l'Union Européenne, signataires de la convention pour le climat) est une étape décisive pour mettre en place une véritable solidarité dans la recherche d'un bien commun, celui de l'avenir de la planète, de la prise en compte des générations futures.
Pour avoir un aperçu des nombreuses rencontres internationales réalisées depuis les années 70, on peut se référer à deux dossiers de *La Documentation française*: «Le développement durable en France: de la stratégie nationale au Grenelle de l'environnement» (en particulier, le chapitre sur les grands accords internationaux sur le développement durable — déc. 2007); «Le changement climatique» (en particulier le chapitre sur la chronologie — déc. 2011).
Cf. http://www.ladocumentationfrancaise.fr/

Subsidiarité

Le terme vient du latin *subsidium* qui signifie «aide». La société — toute société ou collectivité — est ordonnée à la personne. Elle doit laisser sa juste place à l'initiative et à la responsabilité des personnes et des communautés intermédiaires au niveau où elles peuvent agir (MM 53, PT 140). Mais, selon ce même principe, l'État et la société doivent aussi aider les membres du corps social quand ils n'ont pas les moyens de déployer leur liberté (QA 88). Il faut «donner la liberté au développement des capacités présentes à tous les niveaux», mais celui qui détient plus de pouvoir a davantage de responsabilité pour le bien commun (196).
Ceci vaut aussi au plan international: Benoît XVI parlait de gouvernance mondiale «de nature subsidiaire»: «Le développement intégral des peuples et le collaboration internationale exigent que soit institué un degré supérieur d'organisation à l'échelle internationale de type subsidiaire pour la gouvernance de la mondialisation» (CV 67). Le pape François insiste à la fois

sur la responsabilité locale et sur la nécessité de régulations internationales.

Travail

Le texte le plus important sur le travail, dans l'enseignement social de l'Église, est l'encyclique de Jean-Paul II *Laborem exercens* (1981), à laquelle François se réfère ici. L'intervention humaine est une manière de «prendre soin du créé» (124) pour en faire apparaître les potentialités. Toute activité, même non manuelle, implique quelque transformation (125). Elle est aussi lieu d'une «relation» entre les hommes. Le travail aujourd'hui est affecté par les mutations que connaît l'entreprise, soumise à la technicisation, mais aussi aux contraintes du marché et à l'imposition d'une logique financière. Sa fonction intégratrice, son rôle de construction d'une maison commune se perdent. Le poids du paradigme technocratique risque d'en vider le sens.

Valeur propre des créatures

La liberté de l'homme ne doit pas être défendue au détriment des autres créatures, car leur valeur ne dépend pas de leur utilité pour l'homme. Elles ne sont pas subordonnées au bien de l'homme. Elles sont objet de contemplation, d'admiration et de louange. Leur valeur vient non seulement de leur qualité de créature reçue de Dieu, mais aussi du fait qu'elles participent, chacune à sa manière, au processus créateur. Elles bénéficient analogiquement d'une capacité créatrice, illustrée par une image empruntée à saint Thomas : comme si le bois pouvait «se modifier de lui-même pour prendre la forme de navire» (80).

Villes

Selon la Bible, la ville peut être lieu d'orgueil (comme Ninive ou Babel), mais c'est aussi Jérusalem, lieu de promesse (OA 12). À une époque d'urbanisation croissante, elle est, sur le front des enjeux écologiques, un lieu de plus en plus partagé d'un vivre-ensemble, d'un habitat parmi et avec d'autres. Au-delà d'un cadre, elle présente un défi dans la recherche d'un bien commun qui est sa raison d'être : il s'agit de créer des modes de relations pour prendre en charge un avenir collectif difficile (OA 12).

Le pape François est particulièrement marqué par son expérience des villes de l'Amérique latine. Il avait déjà évoqué les « cultures urbaines » dans son exhortation (EG 71-75). Il s'interroge ici sur les conditions d'une ville « habitable » : la participation des citoyens à sa construction (150), la lutte contre l'anonymat social dans certains quartiers (149), la relation entre l'homme et son environnement (113, 143,153).

INDEX THÉMATIQUE

Dans les Index, les numéros renvoient aux paragraphes de l'encyclique

INDEX DES NOMS CITÉS

(Les numéros renvoyant à l'encyclique sont en romain ; les numéros renvoyant aux commentaires, en italique.)

INDEX DES CITATIONS BIBLIQUES

PRÉSENTATION DES AUTEURS

Jean-Bernard Baudin est professeur de chimie à l'École normale supérieure de la rue d'Ulm.

Jean Luc Brunin, évêque du Havre, est président de la commission «Famille et société» de la Conférence des évêques de France.

Bertrand Cassaigne, jésuite, est membre du Ceras et rédacteur en chef adjoint de la *Revue Projet*.

Grégoire Catta, jésuite, membre du Ceras, enseigne la théologie morale au Centre Sèvres – Facultés jésuites de Paris

Éric Charmetant, jésuite et philosophe, enseigne au Centre Sèvres – Facultés jésuites de Paris.

Guy Cossée de Maulde, jésuite, a dirigé, à Bruxelles, le Centre Avec (centre d'analyse sociale des jésuites).

Luc Dubrulle, prêtre du diocèse d'Arras, est président-recteur délégué de l'Université catholique de Lille.

François Euvé, jésuite, professeur de théologie au Centre Sèvres – Facultés jésuites de Paris, est rédacteur en chef de la revue *Études*.

Bertrand Hériard Dubreuil, jésuite, est directeur du Ceras et de la *Revue Projet*.

Elena Lasida, économiste, professeur à l'Institut catholique de Paris, est chargée de mission à «Justice et Paix», service de l'Église catholique pour les questions de justice internationale.

Christian Mellon, jésuite, est membre du Ceras et directeur du Cised.

Alain Thomasset, jésuite, est professeur de théologie morale au Centre Sèvres – Facultés jésuites de Paris.

TABLE DES MATIÈRES

Ce livre est imprimé sur papier recyclé. Le papier est un produit renouvelable, biodégradable et recyclable. Son utilisation raisonnée soutient l'écosystème de la planète.

FSC
www.fsc.org
RECYCLÉ
Papier fait à partir de matériaux recyclés
FSC® C021611

Achevé d'imprimer le 12 janvier 2016
sur les presses de l'imprimerie Bietlot, à 6060 Gilly (Belgique).